沈从文

从逃学大王到文学大师

王 凯［著］

内蒙古出版集团 远方出版社

图书在版编目（CIP）数据

从逃学大王到文学大师 ： 沈从文 / 王凯著． -- 呼和浩特 ： 远方出版社，2016.6
ISBN 978-7-5555-0612-6

Ⅰ．①从… Ⅱ．①王… Ⅲ．①沈从文（1902-1988）—传记 Ⅳ．①K825.6

中国版本图书馆 CIP 数据核字（2016）第 161636 号

从逃学大王到文学大师——沈从文

作　　者	王　凯
责任编辑	孟繁龙
装帧设计	金　刚
出版发行	内蒙古出版集团　远方出版社
社　　址	呼和浩特市乌兰察布东路 666 号　邮编 010010
电　　话	（0471）2236471 总编室　2236460 发行部
经　　销	新华书店
印　　刷	北京爱丽精特彩印有限公司
开　　本	710mm×1000mm　1/16
字　　数	176 千
印　　张	14
版　　次	2016 年 6 月第 1 版
印　　次	2016 年 9 月第 1 次印刷
印　　数	1—5 000 册
标准书号	ISBN 978-7-5555-0612-6
定　　价	36.00 元

代　序

一个寂寞的孤独者，一个“纯粹”与“独立”的灵魂。

最初知晓沈从文这个名字，是在教育局规定的九年义务教育的全日制语文课本上，一篇名叫《边城》的节选课文下落着三个小小的五号字体——沈从文。于是在这以后，一说起“翠翠”，就说起《边城》，继而说起沈从文——这个一生以“乡下人”自居的文学大师。

确切地说，之所以对沈从文其人产生一种迫切的“求知”欲望，乃至最后一个不喜欢外出的人竟然破天荒地做一个人去凤凰的决定，是因为一次意外，意外地需要全面了解这个人。于是在那个时间段里，案头上堆积了大量与沈从文相关的书籍和资料，日夜都只盯着这一个人看。从他的自传到他人作传，从他的文集到他人的探索，从只知道一个名字和简单的生平到终于了解了这个人的思想……沈从文的妻子张兆和也说过，她真正懂得他的为人、懂得他一生承受的重压，是在整理、编选他的遗稿的时候。我真正懂得沈从文，也是在这个时候。一支作者的笔，永远是接入他灵魂中的一架最便捷的桥梁，是一个人与另一个人最真实的、最没有距离的靠近。这种靠近，竟然让两个不同时代的人产生一种交流。如张兆和所言：“过去不知道的，现在知道了；过去不明白的，现在明白了。”

沈从文出生在凤凰——这个如今的古城，在他出生的时候，不过是穷乡僻壤，被大山与河流包围，形成一个闭塞的独立的小城，隔绝在世界之外。那里的人，神识中保留着一部分上古部落时代的豪放，又保留着封建时期的愚昧。这种豪放和愚昧加在一起，构成了湘西人一种特有的纯真和一颗赤子之心。革命爆发后，中国进入到一个新时代中，东西中外文化交汇，碰撞出思想上的奇异火花。一时间，“独立”和“自由”成为这个时代的独特魅力，侵蚀着陈腐，让整个人间焕然一新。沈从文就是在那个时候，抛弃了他在凤凰做一个乡绅的前途，去了北京，加入到时代潮流中。一个只有小学文凭的人，到北京去漂泊，他的命运可想而知。身无分文，饥寒交迫，靠着朋友的接济和赊账过日，而这样的日子，他一直过了两年。更让人惊讶的是，在这两年中，他竟笔耕不辍。一个连饭都吃不起的人，窝在一间“窄而霉”的小房子里，用一双冻得红肿的手把一个字一个字地落在纸上……若非固执地热爱着心中的那份理想，即便是铮铮铁骨，在那份境地怕也要软了骨头。沈从文的创作初期，就是这样，在惨淡与苍白中熬过，然后终于熬到了北京《晨报副刊》第一次刊登了他的文章，熬到有书店愿意给他出书，从北京熬到上海，熬到成为大家眼中的天才、文坛里的一颗耀眼的明星。然后，这个时局纷乱了，战火点燃华夏，沈从文几经沉浮，最后竟然不得不放下他手中的笔，进入到一个新领域中去。在那个新的历史领域中，沈从文最终还是以一部《中国古代服饰研究》重获荣光，在他最后的几年，回归到世人面前，谱写了一段带着传奇色彩的人生。

沈从文的一生都在别人的不理解中度过。最开始是凤凰那边的不理解，一个分明有着安稳前途的人竟然要“开荒”，要去经受一种名叫“思想”的没有实在形体的东西的洗礼，这真是一件可笑的事情；而后，是朋友的不理解，胡也频和丁玲，这两个与他一起在磨难中度过的知己，到最后也不能理解为什么他胆小，为什么不选择一个面朝着光明的阵地，用自己手上的笔，去唤醒那些还在沉睡的人民，去与一切黑暗斗争？后来，文坛上的一些大家也不理解，开始与他论争，给他打上“清客文丐”的标签；再后来，他的妻子也不能理解他，为什么这个人不积极努力的向新中国靠近，为中国的建设而奋斗……然后到沈从文的晚年，当这个世界归于平静，终于有人理解了他。

原来他一直“冥顽不灵”地去坚持的，不过是一种“独立”。这个原本是那个时代的标签和潮流的最根本的一种精神，却在复杂的社会中被各色各样的形态遮掩，以至于人们竟然忘记了，最开始提倡的就是那一份“独立”。而沈从文一生坚守，恰恰是做一名纯粹的作家，一个不参杂任何其他物质的独立的作家。

“文学中的政客，一生从不曾好好在工作上有多少努力，只用一作家名分向上爬。我还是缺少理解，这边爬过了又向另一边爬。我还是缺少理解的。”沈从文不会理解他们，他们也理解不了沈从文。

沈从文是一个寂寞的孤独者，他的这种孤独，曾经有一个人或许理解过——徐志摩，一个同他一般怀着“单纯信仰”的人。只可惜，这个朋友消逝得太早，以至于他的孤寂再也没人能懂，无人可诉。

照我思索，能理解“我”；照我思索，可认识“人”。

这个“纯粹”与“独立”的灵魂，也只有读他的作品，详实地了解他一生走过的那无数的桥、看过的无数的云、喝过的无数种类的酒，方能知晓他为人之一二。

2016年3月23日

秦照青

目　录

第一章　家世——沈家有郎初成长

第二章　行伍——每个少年心中都有一个将军梦

第三章　从文——那些写在纸上的艰难初期

第四章　爱情——一个正当最好年纪的人

第五章　劫难——书生留得一分狂

第六章　伤逝——我对这个世界没有什么好说的

第一章

家世——沈家有郎初成长

第 1 节　一个人和一座城的爱恋

倘使一个人的思想可以像画家手中的笔一样，把所见所闻都描绘出来，那么一定有这样一幅画的诞生：在长江穿梭而过的湖南西北部，绵延的雪峰山的西边，青山环绕，阮江与澧水汤汤淌过这片土地，这里，被称之为湘西。有一座小城跃然纸上，将湖南、贵州、四川三省交汇在一起。在小城中，最是点睛的一笔莫过于那穿城而过的蜿蜒曲折的沱江，薄薄的雾气从江面上升腾而起，这画中朦胧的一笔给予这座小城最动人的流水，它倒映着整个城市最美的风景和风情。沱江两侧由木桩搭建起的风格独特的吊脚楼上，穿着明艳的女子透过古朴的木窗棂与江河边儿上的浣衣女打着招呼。戏水的孩童结着队在河流之上的石墩间来回奔跑，宽阔的河面上，游弋着的独木舟和荡起水波的长蒿为这座城市奠定水墨风的基调。如梦如歌，荡气回肠。

在断壁残垣的历史上，人们把这座“西托云贵，东控辰沅，北制川鄂，南扼桂边”的城市叫做镇筸，又名“凤凰”。“凤凰”在苗文中的意思是“寨子”，在民国二年之前，“凤凰”一直都被称为“镇筸”。

在青铜时代之前，这里是“武山苗蛮”之地，一直是苗族、土家族等少数民族居住、繁衍生息的地方。在郡县制时期，曾归属于黔中郡、武陵郡、沅陵郡、卢阳郡等，一直到明代赋予了这块土地军事意义后，才似乎有了更为准确的称呼——镇筸。据道光《凤凰厅志》所述：明嘉靖时期，朝廷以武力镇压了持续十多年的湘黔边区苗民起义后，调整了在湘西的军事布局，先是在麻阳设置了参将一职，后来因为镇筸在地理位置上比麻阳更具军事意义，将参将换防至镇筸，掌管镇溪军民千户所和筸子坪长官司的苗民，因此官方就从这二处地名中各取第一个字，给该参将冠名，称“镇筸”参将，于是也就有了“镇筸”这个称呼。民国期间，这座小城还仍旧是湘西军政统治中心。

一座城市的形成，大多是政治、经济、交通发展下的产物，必然是开放的。但镇筸却是一个异于常态的存在，它以另外一种独立的无所依附的形态而存在，这块神秘的边疆僻地，交通闭塞，在很长一段时间内都没有便捷的火车和蜿蜒的公路进驻，唯一可以与外界有所交流的便是那流经的阮江与澧水两条河系，河系的支流穿过乱石险滩，湍急地延伸到湘西各地，让城市里的人们呼吸到少许外界的不一样的空气。

这座城市，几乎隔绝了整个世界的纷繁，险要的地势和湍急的河流为他们创造了一个只属于湘西人民的淳朴的桃花源。

小城很美。

长居中国的新西兰作家路易·艾黎称其为“中国最美丽的小城”，尽管已经历经了一个多世纪的风雨摧折，但它依旧奋力地保持了两分它原本的模样。小城四周还能见到从前军事战争时留下的土墙壁垒，随着山岭的脉络蜿蜒到各处的山顶头上，那些密布着的由粗糙的石头砌成的圆城、以及那隔着相当距离的驿路上的民房中夹杂的过往营汛的影子……尽管已经是断墙残痕，却依旧能够嗅到那因反抗暴政时染红了官路和碉堡的血气。这里，将那种自然原始的山水美与被人为地摧毁过后的残颓美糅合在一起，构成了一种独特的如同风雨过后的安宁和祥和。这样的一种气质，唯有身处在那片土地上，呼吸着小城上空的空气的时候，方能令人有一丝一厘的朦胧感触。

在这座宁静的小城中，居住着一群倾向于自然的淳朴又神秘的人们。生出如“苗疆蛊毒”般神秘的传说，“兵卒纯善如平民，与人无侮无扰。农民勇敢而安分，莫不敬神守法。商人各复返了花纱同货物，洒脱单独向深山中村庄走去……”这是作家笔下的“乡下人”。水手、土匪、侠客、将军，还是蛊婆、巫婆、落花洞女……这些有着最原始的信奉的人们，在这座小城中，追寻着那属于自己的烂漫和豪气，挥洒着一种纯粹淋漓的元气，当哭则大哭，要歌则大歌。

凤凰之所以能够成为“湘西明珠”、成为淘尽浪沙的历史长河中遗留下的一抹碧色、成就今日游客络绎的景象，在很大程度上，都是因为一位作家，以及作家笔下的文字。

沈从文：

“我自1922年离开湘西，来到都市已六十四年，始终还是个乡下人。我不习惯都市生活，苦苦怀念我的家乡。怀念我家乡芳香的土地、青翠逼人的山峦和延长千里的沅水。尤其是那些同我生活在一起二十年的人们，他们朴素、单纯、和平、正直，我对他们怀着不可言说的温爱，我的感情和他们不可分。我也写城市生活，写城市各阶层人，但我更喜欢的还是那些描写我家乡人事哀乐的故事。”

这个对故乡有着深深爱意的作家，将他记忆中的所有美丽都赋予了故乡，附着在那一支温柔的水笔上，荡漾进所有读者的心间，成就了一座令人向往的小城——凤凰。

“我就生长到这样一个小城里，将近十五岁时方离开。自出门两年半回过那小城一次以后，直到现在为止，那城门我还不曾再进去过。但那地方我是熟悉的。现在还有许多人生活在那城市里，我却常常生活在过去那个小城给我的印象里。”

在离开那座养育了他的小城多年后，他在《从文自传》中写《我所生长的地方》一篇时，这样写道：

“有人说：‘凤凰城的苗家话语是因为沈从文的存在，才变得缠绵了一些；凤凰城的沱江水因为沈从文的存在，才变得缓和了一些；凤凰城的石板路因为沈从文的存在，才变得弹性了一些……’”从此处另开一段，没有凤凰的沈从文不是真正的沈从文，而没有沈从文的凤凰，也不会是如今的凤凰。一座城和一个人的爱恋，似乎在这个作家的身上，得到了最酣畅的阐释。

第 2 节　贩马草兴起的将军世家

凤凰城南中营街 24 号 —— 这座已经被修缮过的四合院，大门上悬挂着一块写着“沈从文故居”的牌匾，沉甸的褐色院门后并不华丽，没有宽阔气派的大厅，也没有蜿蜒迂回的廊阁。一座简单的用于生活居住的小院儿，赋予它不平凡意义的在于这其中陈列着的一位作家的少年时代和他眼中的如歌如画的湘西。

这所被挂名为“沈从文故居”的小院儿的第一任主人是一位名叫沈宏富的将军，那是沈从文的祖父。

据说沈从文一直有一个愿望——把自己的家世搞清楚，然而直到他谢世，这个问题依旧是个未解之谜。沈家在当地算得上是一个“世家”，然而追溯他们的历史，“世家”的历史却是十分短暂的。

三喜堂《沈氏续修族谱》载：“因乾隆乙卯（1795 年）苗叛，烽烟四起、远近之避命不遑，而旌之栖托天地。斯时，余父尚客江夏，而余犹怀抱，及父旋归，而井市皆为灰烬矣。暂时寄居铜仁，迄至嘉庆六年（1801 年）始返故里。”当知这个时候的沈家，已经沦为平民。道光三十年（1850 年），沈从文的曾祖父沈岐山携带家眷迁移至湖南凤凰黄罗寨。黄罗寨位于凤凰县东南三十余里的偏僻之处，周围山高林密，人烟稀少，交通不便，苗汉杂居。沈岐山靠替人守山护林为生，长子沈宏富则每天上山打草，贩卖给城里的清廷绿营兵，赚取家用。沈家的这种贫困的生活一直持续到咸同之季，而后迎来了一个峰回路转的大转折。

道光三十年（1851 年），是中国近代史上不可删减的一页，这一年的 1 月 11 日，洪秀全、杨秀清等人在位于凤凰正南方向的广西桂平县北二十八公里的金田乡金田村发动起义，历史上称其为“金田起义”。这一支起义军在面对腐朽败坏的清兵时，进攻之态势如破竹，一路所向披靡，很快就从广西打到了南京，并据其为都城，建立了属于自己的太平天国政权。

这一次起义在清廷的眼中自然是一次不容的叛乱，重兵围剿下却是屡战屡败，于是清廷任命曾国藩为帮办团练大臣，在湖南各地招募乡勇，创建了湘军，由曾国藩、左宗棠、胡林翼和彭玉麟四人统帅。沈宏富也是在这一次招募中参了军。

湘军之中，有一支骁勇蛮悍的筸军，由一群青年将校率领，辗转各地同太平军作战，后来，这支筸军中有四位年在二十以内的青年获得了提督的军衔。这四人中，田兴恕最为著名，被载入了《清史稿》，还有一位，因为后人的名声而更为常见，那便是沈宏富——沈从文的祖父。

沈宏富在二十二岁左右时，做了云南昭通镇守使，二十六岁时，接田兴恕任，做了贵州总督，二十八岁时又辗转到四川，然后自四川回到湘西镇筸，在小城里修建了一栋小巧的宅院，然而不久后，这位年轻的将军因为旧伤复发，去世了。

沈宏富因军功一步一步被擢升为湘西军事高官，为沈家在凤凰挣得了一份光荣和产业，跻身上层，使沈家的后嗣在地方上拥有了优越的地位。然而在沈宏富谢世的时候，他这一脉还面临着一个极其重大的问题——无嗣。他的妻子没有为他生下子女，于是按照当地的习惯，要从近亲中过继一个孩子维系香火，于是这个目标对象自然是落在了沈宏富的弟弟沈宏芳的家中。沈宏富的夫人便做主，给住在乡下的小叔子娶了一位刘姓的苗族姑娘做二房。这位苗族的夫人先后为沈家生下了两个儿子，于是将二子过继给了沈宏富一脉，做了将军的儿子，这个孩子，就是沈从文的父亲——沈宗嗣。

因为苗族在当时社会地位极其低下，苗民子弟皆不可参与文武科举，这一点对于有着将军梦的将门来说，无疑是一个污点，是不能摆放于人前的事情。于是那位苗族夫人被远嫁他乡了，为了掩人耳目，还在黄罗寨旁边的树林里为这位苗族夫人修了一座假坟，以供后嗣祭拜，沈从文也曾在小时候拜过这位亲祖母的假坟。

沈宗嗣，字少先。在沈宗嗣两岁的时候，过房到了沈宏富一脉，住进了城里。将军父亲的荣耀让沈宗嗣自小便拥有一个将军梦，幻想自己能够承袭父亲的遗志，这和沈老夫人“家里再来一位将军”的愿望一拍即合，加上沈宗嗣生来就高大结实、豪放爽直，将军所必需的种种本色，沈宗嗣无不兼备。于是在他十岁左右的时候，家中就为他请了教授武术的老师以及学识丰富的私塾老师，教给他一个将军应该具备的武术和学识。

沈宗嗣也没有辜负母亲的期望，以一身武艺投身行伍。只是沈老夫人终究是没有等到儿子成名，只来得及为他娶一位持家的贤妻。

黄英，沈宗嗣的妻子，沈从文的母亲。

黄英的父亲黄河清是凤凰最早的一位贡生，后来做了本地守文庙的书院院长，是本地唯一的读书人。

将门之后配士子之后，这一武一文的搭配，足以构成一段令人艳羡的美满婚姻。关于沈宗嗣娶亲，在民间还流传着一个十分有趣的故事。

因为沈家在当时来说也算得上是殷实显赫的门第，所以在给沈宗嗣议亲的时候，有五六家的女子都想要嫁入沈家，为此还安排了选亲仪式。到选亲那日，参选的女子们都穿着最漂亮的衣服，打扮得花枝招展，将最美丽的一面展现在沈老夫人面前。然而在这一群女子中，唯有一人例外，她穿着一身旧蓝布衣裳，朴素得在花红柳绿中当陪衬都有些不够的样子。然而偏偏就是在这一群鲜艳的女子中，沈老太太选中了她。这个女子就是黄英。

另外，这一次议亲中途还发生了有一桩堪比戏剧演义的故事，那便是沈家拒绝了田家的女儿。田家和沈家是有恩怨存在的，同沈宏富一同功成的四个年轻人中，名气最盛的是田兴恕，而据说当年二人在军中作战时，田兴恕曾经将沈宏富的功绩据为己有，才成就了他后来的声名和地位，并且皆高于沈宏富。只是到后来，田兴恕在出任贵州提督的时候因为斩杀法国传教士，被革职查办，遣戍新疆，而贵州提督的位置也由沈宏富接任，两家的地位发生了转变，沈家终于立于田家之上。所以这一次田家将女儿嫁给沈家的儿子，正是想要结束这一段恩怨。然而因为田家的女儿曾经去日本读过书，归国后全然是日式做派，这在长辈眼中，无外乎一个“另类”，于是在提出婚约时，沈家当即便给拒绝了。

对于黄英这个儿媳妇，沈老夫人给出的评价是“能治家的”。从现今保留的黄英的照片来看，黄英实则也是一位清秀佳人，细长的黛眉，闪烁着坚定的目光的大眼，高挺的鼻梁以及饱满的双唇，为这位柔弱的女子增添了几分果敢和坚毅。而从后来她的各种行径中可以看出，这个女人当真是极有思想的。在其他太太还在神龛面前虔诚祭拜或者在牌桌上道家里长短的时候，她已经置身于新风气之下。她的父亲虽然是旧时代的读书人，但却是新时代的拥护者，是凤凰第一个剪去辫子的人。她的兄长开办了凤凰第一个邮政局和第一家照相馆，黄英也因此成为当地第一个会照相的女子，她不仅懂诗书，还会医术，在年幼的时候跟随哥哥在军营里度过了一段时日，所见所闻，比起同时代的女子，可谓是一个极其开明的新女性。

后来沈从文在写《从文自传》时，写到母亲，说："我等兄弟姐妹的初步教育，便全是这个瘦小、机警、富于胆气与常识的母亲负担的。我的教育得与母亲的不少，她告我认字，告我认识药名，告我决断——做男子极不可少的思考以后的决断。我的气度得于父亲的影响较少，得与妈妈的也就较多。"

沈宗嗣一心军事，想要成为一名将军，所以在黄英生下一子两女后，便在母亲的鼓励下去了清廷的绿营军，开始为他的将军梦拼杀。然而到他三十岁的时候，还依旧只是驻守大沽炮台的提督罗荣光身边的一员裨将，没有成为一名将军。直到庚子风云突起，八国联军攻破大沽炮台，大沽失守，守将罗荣光自尽殉职，沈宗嗣于兵荒马乱之中得以逃生，回到湘西家中。沈家的大半个家业都握在沈宗嗣手中，被他带在身边到天津去，然而经过了这一次庚子战乱的摧残，这些宝货全部都被毁去了，沈家从富裕殷实的状态变成了小康状态。

沈宗嗣逃回家乡后的第三年，他的第二个儿子来到了这个世间。

1903 年 1 月 14 日，一声啼哭随着黎明的曦光在沈家老屋中响彻，这是沈家的第二个男丁。因为沈家的第一个孩子沈岳霖先天体弱，所以这个男孩儿的出生让沈家所有人都沉浸在欢喜之中，沈宗嗣为这个孩子取名为沈岳焕，也即是青年时期改了名字的沈从文。

这个时候，不论是一心想要家中再出现一位将军的沈老夫人，还是将军梦已经破碎的沈宗嗣，都把传承家业的希望彻底从多病多灾的大儿子沈岳霖的身上分出来，改寄托在这个幼小的生命上，希望他长大以后能够延续祖上的荣光。这个时候，谁也不知道，这个孩子最后会放弃将军的梦想，走上一条与将军路完全相反的文人路，并且在这条路上做出了大成就，成为名动中华的大文豪。他不仅成了凤凰的大名人，还让凤凰成了整个华夏疆域里最令人神往的地方之一。那个湘西的小城，在他的笔下，犹如繁乱尘世里的一汪清泉，将人性拉回到最初的模样。

沈从文在他的自传中写："没有庚子的拳乱，我爸爸不会回来，我也不会存在。"然而就是在他出生后的第四个月，沈家的老夫人——沈宗嗣的母亲去世了，这个陪伴了将军一生，又把将军的梦想赋予在儿子的身上，看着他的将军梦破碎的女人，最终怀着遗憾与世长辞了。

沈老夫人去世之后，黄英的母亲，沈从文的外祖母来到了沈家，同女儿生活在一起。此后几年，黄英又先后为沈宗嗣生下了五个孩子，只是这九个孩子除却幼年就已经殇去的姊妹，现在生存的仅仅五人——兄弟姊妹各一人，沈从文即从排行第四变成了第三，又因为是家中的第二个男孩，所以又被弟、妹们叫做二哥，在他初期的小说中，便有许多角色被冠以了"二哥"的称呼，与他自身或有关联。

与大多数人不同，沈从文几乎能够正确记忆到他小时的一切，这种记忆从两岁的时候开始。甚至在他才将将四个月祖母离世时，"我仿佛还依稀记得我被包裹得紧紧的，被谁抱着在一个白色的人堆里转动，随后还被搁到一个桌子上去。我家中自从祖母死后十余年内不曾死去一人，若不是我在两岁以后做梦，这点儿影子便应当是那时唯一的记忆。"一个降临人间才四个月的孩提，却有着如此令人诧异的记忆，不得不说，这是上天对某些他所看重的人才有的眷顾。

沈从文一直到四岁的时候，始终健康肥壮得如同一只小猪，对于那段时间的记忆，沈从文清晰地记着：母亲教他认识方块字的时候，外祖母就在一旁给他糖吃，作为奖励。他天生聪慧，等到将六百个生字都认识干净的时候，腹中却生了蛔虫，弄得面黄肌瘦，不成人形，每天的饭食中都要搭配上草药蒸鸡肝，好叫身子长好。在这一年，他的弟弟，沈家的第三个男孩沈岳荃出生，所以母亲再无暇顾及教他读书，就让他跟随了两个姐姐，到一位女先生处去上学，那位女先生是沈家的亲戚，而他又还年幼，所以即便说起来是过去念书的，事实上大部分的时间都是坐在女先生的膝头玩耍。

等到他长到了六岁弟弟两岁的时候，两个人却同时出了疹子。在那个医疗水平并不太高，他们又身处于落后于外界的湘西僻壤之地，这样的病无疑是家庭中一场惊心动魄的战争。况且出疹子的还是家中最可能继承将军遗梦的两个男孩子。

那时候正值六月，天气越发酷热，两个出疹子的难兄难弟整日整夜地在高热中辗转，因为一躺下就咳嗽发喘，被人抱着又全身难受，于是家人便将这一对兄弟用竹簟卷起来，像春卷一样竖立在屋中的阴凉处。这一番折腾，家中人都以为他们熬不过去，已经置备好了两副小小棺木搁在廊下，所幸没有派上用场，两人到后来都好了。只是病好之后的沈从文，身体却再也不如从前那样健全壮实，一改小猪一般的体型，成了一个小猴儿精。而他的弟弟沈岳荃却因为在病时照顾得当，病好之后健硕异常，在这样的差别对照下，沈宗嗣便又把将军的梦想从二儿子的身上移到了小儿子的身上。

第 3 节　大自然孕育的纯粹灵魂

沈家的家底虽然因为庚子之乱被毁坏了一大半，但余下的依旧能够维系沈家作为地方士绅的荣誉。所以在沈从文六岁的时候，家里人就让他进入了衙门的学馆读书，由此正式开始了他的求学生涯。

教书的先生姓杨，是沈从文的姨父。启蒙教育学习的内容是先《幼学琼林》，而后《孟子》《论语》《诗经》，重在识字和背诵，对释义并不做要求。倘使学生没能完成学习任务，背不出来或者写不出来句读，便将学生捉来打手板或者是按到凳子上打一顿屁股。不过因为沈从文在家中时已经由母亲教授，会了很多字，加上记忆十分好，所以并不经常受罚，于是在日复一日的认字学习中，难免就生出了几分疲倦和懈怠之意。

或许是因为沈从文的学习水平已经超过了这一家学馆所教授的，所以在第二年，家里人给他换了一家私塾。

七岁的孩子正是好动贪玩的时候，沈从文在私塾里突然就发现了学馆里极其有趣的现象，那便是有的人明明逃学，却又用谎话蒙骗先生，有时居然能逃过先生的惩罚，而这些逃学的伙伴又会向他说起在外边玩耍时的种种有趣的情形。对于新鲜事物的好奇，让沈从文难以忽视心中的躁动，跟随了几个年纪较大的学生，学会了顽劣孩子抵抗顽固塾师的方法，那便是逃学。

逃离那些枯燥无味的书本，去同一切自然相亲近，也即是他常说的“我读一本小书同时又读一本大书”，这本大书指的便是自然，这种对于自然的亲近和向往，成了他一生感情和性格的基础。

沈从文第一次逃学，是在外边看了一天的木偶戏，回到家中时惴惴不安，第二天硬着头皮去了私塾，被问起昨日为何没有上学之时，他编造了个谎话，说“家里请客”。家里请客可以不用上学是当地的惯例，先生相信了他的谎言。于是第二次、第三次逃学也就像是摸着了门路一般，轻松驾驭。然而逃学的事情终究还是被家里人晓得，一心想着儿子好好学习、自尊自重，将来能够实现将军梦的父亲沈宗嗣在知晓他逃学的行径后，终于动了雷霆怒气，放出话来说他若再逃学的话，便要砍去他的一个手指。这样的恐吓并没有吓住向往自然的孩子，一旦有了机会，沈从文从来都不会放过。

沈宗嗣对二子原本是极其喜爱的，他是第一个称赞这个孩子聪明的人。沈从文一度是家中的中心人物，稍有害病，一家人就日夜守护在床畔。自六岁那年出疹子时，沈宗嗣就似乎已经看出了“小猴儿精”的二子不再适合走将军的道路，所以也并不逼迫于他，并且对他怀了更大的期望，于是时常将祖父那些勇敢光荣的故事和他在庚子年间所得到的经验讲给沈从文听。

因为他自身喜欢京剧，所以也一度希望沈从文可以去学戏，像谭鑫培一样做个著名的京剧演员，总之在这位父亲的心底，认为无论儿子将来做什么，都总能够获得比将军更高的地位和更好的名誉。但是最后，这个一次又一次地逃学说谎、屡教不改、不自尊自重的孩子终究让沈宗嗣伤透了心，遂把所有的关注和精力都放在了幺子沈岳荃的身上。

家里人的忽视不但没有让沈从文感到失落，反而得到了一种束缚被挣脱了一般的自由。他逃学的次数越来越多，加上学伴中有一位张姓的表哥是逃学和说谎的能手，并且每每都是领着沈从文一道，先是带他到张家的橘园里去玩，后来干脆跑到了城外的山上玩，和其他逃学的孩子混成一堆，而后又教给沈从文说谎的本领，一面应付家里，一面应付私塾里的先生。家里人皆以为是私塾里的先生管教不严，所以造成他有恃无恐般逃学的现象，于是又给他换了一位教师，这一次换的私塾对于沈从文的逃学之路也是一个相当大的助力。因为原先所待的私塾距离沈家较近，逃学极其不便，而换了离家较远的私塾之后，他也就可以顺理成章地在去往私塾的道路上尽情地磨蹭，经过许多有趣的地方，看到或听到许多新鲜的事情，并且加入到其中。

每天去上学的时候，少年的手上都会提一个竹书篮，装着厚重的十多本课本，他在家中的时候是不被允许做出脱鞋光脚走路的行为的，但一到了外边，便脱了鞋子提在手上，沿着长街尽情地打望自己感兴趣的所有事物：针铺门前那个戴着大框眼镜的磨针的老人；大门敞开的伞铺里，十几个学徒一起工作；腆着一个大而黑且上面有一撮毛的肚皮的大胖子皮匠用夹板上鞋；理发的人拖着小木盘，呆呆地在那里等着师父剃头刮脸；强壮有力的苗人，站在高高的凹形石碾上，手扶着墙上的横木，左右摇荡着染布；还有苗人打豆腐的作坊、骡子推磨的豆粉作坊、屠户的肉案桌等；还有冥器店里，白面无常，蓝面魔鬼，鱼龙，轿子，金童玉女等摆设，停在那里看他们贴金傅粉……

这一路上的有趣的见闻都让这个对事物充满了好奇的少年流连着，即便是日复一日地走着重复的道路，却绝不像读书那般让他感到厌倦，反而每一次走过长街，都似乎能够让他得到一种心灵上的满足，以为这才是自己应该追求的东西。

或许是正好处于了那个年纪，或许是祖父和父亲将某些将军的无畏和勇敢的气质传给了他，少年时代的沈从文，身上有着一种“匪”的胆气，一副天不怕地不怕的模样。有时还要专门绕到西城，去看那边牢狱里，许多带了镣铐的人从牢里出来去挖土。然后从杀人处走过，如果遇到没有被收尸的，就去看那些被野狗撕扯碎了的糜烂在小溪中的尸体，这些摆在现在依然令人毛骨悚然的事情，对于那个时候的少年来说，竟是一种乐此不疲的玩耍事儿。

既然已经到了溪边，便免不得要玩儿一番水，一只手把书篮高高地顶在头顶，另一只手则捏着卷了的裤筒，在溪水中蹚着行走，直到溪水漫过膝盖。

这本世故人情的大书，渐渐地在他的面前翻过一页又一页。

少年是一个喜欢水的人，早在那位张姓的表哥带领着他逃学的时候，或夏日下了午课，两人便去到河水中玩闹。那时先生担心孩子下河去，每到中午散学的时候就在每人手掌心用朱笔写个大字，用以检查孩子是否是下了水。这个时候的沈从文跟着表哥，已经有了应对检查的方法，那便是双手高举着，身子泡在河水中玩儿。自那时起，那一派荡漾着的清波就给这位未来的作家的心中留下了一种流动的不凝固的情感。

在少年时代，沈从文最爱的莫过于天上落雨的时刻。他本就不喜欢穿鞋，下雨天便有了赤足的理由——不使鞋袜打湿。然后踩着街道上的积水，故意蹚到最深的地方去。倘若遇到河中涨了大水，那就更是欢喜不已了。因为涨了大水的上游通常都会飘浮有木头、家具、南瓜和其他的一些东西，他便飞奔到横跨大河的桥上去看打捞物件的热闹场景——桥上的人用长绳系在腰身上，呆站在桥头，目不转睛的盯着水中，等待有一件值得下水去捞的东西的时候，就纵身跃下，然后岸边的人又把水中的人援助上岸，绳子便缠在大树上去，等待第二次第二个人来桥头等待货物……

此外，若是逢了四月的落雨天，沈从文也就更加心花怒放，山地里、田埂上各处都有蟋蟀动听的鸣叫，书塾里是绝对留不住他了，便总是想方设法地逃学到山上去捉蟋蟀。有时手头没有安置这些小东西的物件，便左手上握一只，右手上再握一只，然后若还能见着第三只，且若是第三只比手上握着的两只还要好上些，便将手上的两只小东西尽数释放，去抓那更好的。于是这样一边抓一边放，一整天抓在手中的也仅只两只。到下午三点左右——如果城头上升起了白色的炊烟，街巷里响起了摇铃铛卖煤油的声音，也就差不多是这个时候了——拿着最后的战果，迫不及待地到一个刻花板的老木匠那里去，兴奋地要那木匠知道他今儿是捉了能干的大虫来的。

这个时候木匠总是会装作一脸平淡、无动于衷的模样，直到少年说借瓦盆子，木匠才会“无可奈何”地让步，要求将其中的一只蟋蟀当成是借用瓦盆子的租钱。如果木匠看到少年所捉来的蟋蟀还不错的话，就会提出斗蟋蟀。若是木匠赢了，少年则要将蟋蟀输给他，若是少年赢了，那木匠便将那瓦盆子借给少年玩上一天。少年每每都兴奋地应了，然而等到木匠拿出蟋蟀来，三两回合便将他的蟋蟀赢了去。只是令少年感到颓丧的是木匠每次拿出来的蟋蟀都是他前一日输出去的，自己的东西又一次打败了自己的东西，这种感觉真真令人感到无奈。木匠看出少年认出了那赢了他的小东西的正是他从前的小东西，怕他生气要摔盆子，于是赶忙收拾了盆罐，鼓励少年明日再来，明日定然能够捉到一只好的。

这样在外边混了一日，全身泥水地回家，逃学自然是失败的，于是绝对逃不过一顿家法：按着惯例点上一炷香罚跪，然后被关到空房子里去，罚不许吃饭，不过每每都能够从姐姐那里得到充饥的东西，然后不知什么时候就睡到了床上。而往往在家中被折磨了一番后，到了学校去还要补挨一顿板子。自己把板凳搬到孔夫子牌位前，伏在上面受笞，挨了处罚后，还要对着孔夫子的牌位作上一揖，表示忏悔。

天气不好不便上山里玩的时候，少年就一个人去城外大建筑处，有庙宇、会馆、祠堂等，常常有人会在殿前廊下绞绳子，织竹簟、做香、下棋、打拳等等，少年就看他们做事，看他们骂来骂去，然后出来一个怎样的结果。少年去学校的时候，手上得拿一个书篮，装了十多本书，很重，逃学的时候自然不可能把这书篮还挎在手上，不然一眼就叫人给知道是逃学，要挨人教训，所以少年便想出来把书篮寄存到一个无人看管的土地庙的神座龛子里去。去藏书篮的时候常常都能见到五个八个的书篮，都是逃学的，然后等玩够了，就去把书篮拿走，谁也不会乱动旁人的东西。而沈从文，大概是这些逃课藏书篮的孩子里藏的次数最多的人。又因为是逃学出来的，不能去有熟人的地方，所以这个世界上的一切事情，都必须要靠自己用耳朵去听，用眼睛去看，直到看无可看听无可听的时候，这才开始计算着如何回家去。

只是尽管如此，却总也杜绝不了那逃学的行径以及那颗不愿被束缚的亲近自然的叛逆之心。因为被罚跪在房中一隅的时候，脑子便会开始运转，想象着自己像生了一对翅膀一样，心思就凭着经验飞到各种各样的动人的事物上去：想到河中的鳜鱼被钓起离水以后的情形、想到天上飞满风筝的情形、想到空山中歌呼的黄鹂、想到树木上累累的果实……因为思想已经从身体里边儿剥离了出来，所以一时竟然忘却了被处罚的痛苦和时间，直到被唤起，心中都不曾有过一丁点的委屈，反而十分感谢那种处罚，因为它让他在没有办法同自然接近的时候，给了他一个练习和想象的机会。

逃学的日子在那段时期的生命中所占的比例越来越大，一个孩子逃学出去成天在外边跑，必然要散发出一种强悍的气息和自由放荡的资本，以免被外边儿的野狗扑着，或者被其他同样顽劣的孩子欺负。所以常常都会带上一把小刀和一些削得光滑的竹块插在裤带上，一旦有机会，便取出来当做武器去战斗一番。

沈从文绝大多数时候去离家较远的地方看木傀儡戏，都会提前准备好一场厮杀。那时的同类孩子出去野，强悍的孩子就一个人出门，有时候会遇上一个人挑战，有时候则是被一群顽童围上。出现被包围这个情况时，被围的人还能有一项选择对手的权利，即挑选里边的一个看起来精力不济的人，指着他说："要打吗？你来。我同你来。"照规矩，这个时候便只有那一人上来对战，倘若打输了，那就伏在地上被他压着痛打一顿，若是打赢了，就可以在揍够了人之后自由地行走，不必担心有人会追上来再打一次，只会被约下一次再战。而一个不甚强悍的弱小之人，哪怕是和他人结伴着去某处地方，也会遇到有人特意寻衅，应战则必然吃亏，假装没有听到逃避开，又会被同伴和仇人两方面奚落，十分不划算，所以往往也只得恶斗一场。无论是打输打赢，不过都是"活该"而已，坦率得很。

那个时候的沈从文是一个斗殴的能手，人虽年幼，但到什么地方去都不害怕，遇到被包围的时候，也能敏锐地挑选出那个和他实力相差不多的人，这样打上一架，他都是赢家，偶尔有被别人按倒的时候，也总有办法压到别人身上去。在人身上，沈从文从来没有吃过亏，唯一吃亏的一次，就是遇上一只恶狗，咬伤了他的手。

他的这份胆识和勇气，得于他那位一心想当将军的父亲，以及湘西强悍的民风和游侠之风。

那里的小孩打架就如他们一样，至于大人，则拿着单刀和扁担在大街上决斗。每回事情发生的时候，本地的小孩不但不怕不躲，还依旧在街上玩儿着，被母亲呵斥一声站远点儿，才稍稍站得开点，然后继续看热闹。那里的人打架斗殴，来得都是光明正大，全然不兴行刺暗算这套。这类善于斗殴的人物，有军营中人，有哥老会中老幺，此外还有一类好打不平的闲汉，豁达大度、接物谦卑、爱义好施，大多非常孝顺，斗殴多是为友报仇。这份由时代和地域所形成的洒脱，是那个地方最真善的存在，到民国五年以后就因为“军纪”一词而渐渐地消散，大不如前了。

孩子间的斗殴存在着一种对“不打不相识”和“拳头是说话的标准”的崇尚，所以沈从文走到任何地方都没怕过谁。后来因为换了好几回私塾，同学遍布，大家又都逃过学，便也没有什么仇人，没再打过架了。

沈从文很聪明，加上记忆力十分超群，每回要考背诵课业的时候，只需要提前读上个十遍八遍的，背诵的时候就能够朗朗上口，一字不遗。这份超于常人的聪慧，让少年无比自满，也因此觉得私塾没有把他和别人区分开来对待，还像对待其他没有这份聪慧的学生一样对待他是一件十分不正常的事情，于是对私塾生了轻视念头，逃学便来得更加无所忌惮一些。

逃学这项活动几乎成了这个少年那一段生命中最喜欢的事，只是这样的事情终究是不容于家庭和学校的。家里人都不理解为什么这个少年不把自己的聪慧用在上进上，而少年也同样不理解为什么家里人一定要他读书，他把这样的认定当成是一件古怪的事情，并且这个世上有许多古怪的事情，譬如“为什么骡子推磨时得把眼睛遮上？为什么刀得烧红时在水里一淬方能坚硬？为什么雕佛像的会把木头雕成人形，所贴的金那么薄又用什么方法做成？为什么小铜匠会在一块铜板上钻那么一个圆眼，刻花时刻得整整齐齐”古怪，是那个年纪的他对这些事情的最真切的感知。

“我生活中充满了疑问，都得我自己去找寻解答。我要知道的太多，所知道的又太少，有时便有点儿发愁，就为的是白日里太野，各处去看，各处去听，还各处去嗅闻，死蛇的气味、腐草的气味、屠户身上的气味、烧碗处土窑被雨以后放出的气味……要我说来虽当时无法用言语去形容，要我辨别却十分容易。蝙蝠的声音，一只黄牛当屠户把刀插进它喉中时叹息的声音，藏在田塍、土穴中大黄喉蛇的鸣声，黑暗中鱼在水面泼刺的微声，全因到耳边时分量不同，我也记得那么清清楚楚。因此回到家里时，夜间我便做出无数稀奇古怪的梦。这些梦直到将近二十年后的如今，还常常使我在半夜里无法安眠，既把我带回到那个‘过去’的空虚里去，也把我带往空幻的宇宙里去。”

“在我面前的世界已够宽广了，但我似乎就还得要一个更宽广的世界。我得用这方面得到的知识证明那方面的疑问，我得从比较中知道谁好谁坏，我得看许多业已由于好询问别人，以及好自己幻想所感觉到的世界上的新鲜事情新鲜东西，结果能逃学时我逃学，不能逃学我就只好做梦。”

这是后来沈从文回忆起的那段时期对生活的困惑，他在学校里读的那些课本，根本就没有办法来解决他对这个大千世界存在的疑问，所以痴迷于逃学几乎成了唯一的机会，唯一的冲击一个孩子的思想的机会。当他在山野里、田埂上、小溪沟里奔跑的时候，他的心便融入了那绵延起伏的青山和蜿蜒不息的流水中去，飞出了被石头包围着的镇筸小城，到了更远的地方。或许正是因为他的这种不同于常人的思想，所以后来笔尖的那些文字，才能比旁人多出一份浸透到灵魂深处的清纯。

第 4 节　辛亥革命与绅士的败局

1911 年 10 月 11 日，在中华民族的土地上发生了一件足以撼动天地的大事。这个季节的湖北武昌，酷暑已经消散，凉爽的秋风把整个城市的夜晚都吹透了，仿佛间世界都是安宁的。就是在这样一个秋意阑珊的星夜里，一声枪响撕破了静谧的夜，响彻云霄，继而枪声四起，噪声大作。这一天的星夜之下，三千多人的起义队伍占领武昌司令部，夺取了政权，拉开了武装反抗清王朝的序幕。这一场引发了中国历史上天翻地覆变化的革命，历史记载其为——武昌起义。

自武昌爆发起义后，湖北汉阳和汉口两地的革命党人闻风而动，相继发动革命，于 11 日夜、12 日分别光复汉阳和汉口，起义军在掌控武汉三镇后，立即成立了湖北军政府，召各省民众起义响应。继而短短两个月内，湖南、陕西、广东、四川等十五个省纷纷脱离清政府宣布独立。1912 年 1 月 1 日，中华民国临时政府在南京成立，结束了中华民族两千多年的封建帝制以及近三百年的清王朝的统治，翻开了中华民族的新篇章。

凤凰虽处僻远乡壤，革命的洪涛却也是暗流涌动。在过往的那段漫长历史中，湘西苗民的地位一直位于人权的最底端，被人任意买卖、随意屠杀，就连声称为最公平的科举，苗民也没有资格参加。那些怀着最淳朴的赤子之心的苗汉军民在清王朝的长久压迫和屠戮之下终究揭竿而起，组成革命军，宁用鲜血去换来一场能够分与他们那时常飘荡在睡梦中却并不知道能不能够真正在他们身上实现的“共和”。

这一年，沈从文刚刚才九岁。

小小的少年已经能够感觉到一些些的不同，因为和他最是亲热的表哥这一次从乡下过来，既没有为他带来早先允诺过的那只花公鸡，也没有理会他问起的水车、碾坊以及许多他在乡下所熟悉的东西。少年的心中满满都是疑惑，他只是看着这位表哥成天出去买白带子，买很多白带子还说不大够用，看着他同父亲商量了很多事情，虽然有很多都听不太懂，但也有一件听懂了的，那便是表哥提议将他大哥和三弟送到苗乡去，又要把大姐、二姐送到表哥所在的齐梁洞去避难。他父亲同意了表哥的计划，母亲也同意了，然后当天四人就离开了家。走的时候他的父亲才问他：“是要同兄长和弟弟一起去苗乡，还是就跟着父亲留在城里？”少年反问：“什么地方热闹些？”热闹的地方自然是城里，于是少年就跟父亲留了下来。

沈从文的记忆一向极好，所以也清楚地记得在兄弟姐妹都离开后的第二天晚上，他的叔父红着脸在灯光下磨刀，父亲在书房里擦枪。这个爱看热闹的少年，在觉得父亲和叔父的行为十分有趣之后，开始兴奋，兴奋得把平日天黑后都不大出门的习惯都忘记了。他满屋子到处走，听父亲和一群人说话，看他们脸上露出的那不同于往日般安详的神情，就连说话都是结结巴巴的，以及检查枪支时莫名其妙的相视一笑，然后他也跟着微笑。他不知道将要发生什么事情，但却知道有一件很重要的新事快要发生了。

那天晚上，沈从文在兴奋地问过长身四叔他们是不是准备杀仗，被赶去睡觉了，第二天醒来，家中所有人的脸都是白的，几个叔叔全不见了，只有父亲一个男人坐在太师椅上一句话也不说。沈从文上前问：

"爸爸，爸爸，你究竟杀过仗了没有？"

"小东西，莫乱说，夜里我们杀败了！全军人马覆灭，死了几千人！"

这一场革命，以革命军的失败而告终。

这场革命，城中的绅士与城外的革命军早就约好了，主要攻打镇筸镇和沅永靖兵备道两个衙门的旗人大官以及那些外路商人，然而等到攻城的时候，城内外却又因为"是否保护商人"这个条件谈得不妥，革命军不敢保证纪律，城里的官兵也就不敢放他们进来，再加上镇筸一直是军事重镇，防御极严，革命军人数虽有许多，但终究还是以弱攻强，加上攻城部队分了三支，相互之间失去了联系，最终溃败，没能做成光复这件大事。更为惨烈的是，当这支革命的队伍被打败后，各乡苗人中的土官却又从后面袭击，拿下人头解城请赏。

这一场血战，历史记载革命军共折损了一百七十余人，然而实际上这一次战争被以叛乱杀掉的共有四百一十人，其他的那些，无非是惯用的杀民充匪用以请赏。

年纪尚小的沈从文还不懂革命失败是什么，只是知道打仗杀人了，以为就像他父亲平时和他说过的咸同年间杀"长毛"的故事一样，既兴奋又害怕。

街口异常清静，往日照例都可以听到的卖糕声和各种叫卖声在这一天却没了踪迹。然后长身四叔跑回来说街上的铺子奉命开了门，对门的暗中和革命党有联系的本地绅士张家二老爷也上街看热闹去了，于是胆大的沈从文便随着父亲去了衙门口，看到了那一大堆血污的人头。衙门口鹿角上、辕门上以及从城边取回的云梯上，无处不是人头。看到这些，少年实在稀奇，他不明白为什么要杀那么多人，不明白那些人是因为什么事被砍了头，割了耳朵。

他叔父问他：“小东西，你怕不怕？”

沈从文回答说：“不怕。”这实在是一个十分具有胆气的回答，或许是因为他当时正值那个什么都不懂所以无所畏惧的年纪，但更多的却是因为他先前从父亲和戏文里头听了太多的关于“人头如山，血流成河”以及“千军万马分个胜败”的故事，所以他不怕。只是面对着眼前一大堆鲜血淋漓的头颅时，他有了几分疑心：为什么他们被砍？砍他们的人又为什么砍？这件事在什么地方出了错误？他的这些疑问，那个在他心中向来是伟大得上知天文下知地理的父亲却只给了他一个“造反打了败仗”的不能令他满意的答复。

革命既已失败，杀戮才刚刚开始。被激怒的清兵开始疯狂地报复这一场“造反”，分头下乡找人，捉来的人只问一两句话就牵出城外砍掉，为了震慑民众还把按照惯例应该在西门杀人的规矩改了，把捉来的人放在北门河滩上杀戮，因为“造反”的人是从北门来的。那个时候每天都要杀一百多个人，比行刑兵和看热闹的加起来的人数还要多，都不经过行刑的过场了，直接把人赶去就砍了，甚至有被杀的站得稍远一点，清兵便以为是看热闹的人而放过了。被杀的很多人都是从苗乡捉来的，稀里糊涂的都不知道出了什么事儿，直到被赶到了河滩被人吼着跪下时，才明白是要杀人，于是大哭着惊慌乱跑，刽子手就赶上前去一阵乱刀翻砍。这样的画面每天都在上演，河滩之上尸横遍野。这种愚蠢残酷的杀戮持续了一个月左右才渐渐消停，又因为天气寒冷尸体不易发腐，于是也不掩埋，既省事儿，又有警示的作用。

后来杀的人太多，又大多数是苗人，所以衙门便在呈递文书时说是“苗人造反”，按规矩得屠戮掉这片土地上的所有苗人。当地的几个能说上点儿话的绅士——也即是那些暗地同城外人沟通却不为官方知道的人，一同求了情，衙门也就改了捉到人就杀的手续，换成把犯人带到天王庙掷竹茭，如果不幸掷了个双覆的阴茭，那就得杀头，一阴一阳或全阳，就开释。人的生死便附在了那两片轻薄的竹茭上。

沈从文那时已经被允许自由出门了，所以一有机会就去城头上看对河杀头，如果没赶得及看刀落下去的那一砍，就和其他的小孩比赛，数那河滩上有多少尸体。或者是跟着犯人到天王庙去看他们掷茭。他混在一群小孩中，“看那些乡下人，如何闭了眼睛把手中一副竹筊用力抛去，有些人到已应当开释时还不敢睁开眼睛。又看着些还想念到家中小孩与小牛猪羊的，那份颓丧那份对神埋怨的神情，真使我永远也忘不了”。

这些画面就这样留在年少的沈从文脑海里，在他刚刚才知道“人生”的时候，如此血淋淋、红艳艳。他对革命的印象，就是杀人，杀戮那几千个无辜的农民，所以后来，他把这一场屠戮叫做“辛亥革命的一课”。后来他到北京，在解释他远离故乡的原因时，他说：“六年中我眼看在脚边杀了上万无辜平民，除对被杀的和杀人的留下个愚蠢残忍印象，什么都学不到。”所以他改了名字，叫做“从文”，打算用手里的笔，为那上万具被杀的肉体，存留他们的灵魂，抗击这世间枉杀的愚蠢与残忍，正是那“你杀了我肉体，我就腐烂你灵魂。”

凤凰的光复一直到了第二年才成功，城里各处都悬上了白旗。然而这一场胜利却显得如此的可笑，那些牺牲最大的苗汉人民并没有获得他们应有的回报，地方的军政大权不过是转了一道手，从清廷的手中到了绅士的手中，如田应诏、张学济等人。而沈从文的父亲沈宗嗣因为暗中支持、参与革命，于是在民主选举中便成了本地要紧的人物。

之前被送到苗乡和齐梁洞的兄弟姐妹也被接了回家，家中无数军人来来往往，院子里坐满了人，这些都可以看出当时沈宗嗣的地位。然而不久，沈宗嗣因为与一个姓吴的竞选长沙会议代表失败了，所以心中愤懑不平，赌气出走北京，一去了无音讯，只留下妻子与五个孩子以及一个才出生三个月的小九妹在镇筸。

直到袁世凯死后，沈家才得到沈宗嗣的书信，却是要家里把田产典当出一笔钱供他还账。沈宗嗣和本地一位叫阙祝明的人同去北京后，竟然组织了一个铁血团谋刺袁世凯，密谋被袁世凯的侦探破获后，阙祝明当时便被枪决了。沈宗嗣因为有熟人通知，所以逃到了关外热河去，躲在朋友家中，此后就改名换姓在赤峰、建平等县做科长，袁世凯死后方才和家里通信。沈从文的大哥沈岳霖北上寻父，借着为人画像谋生，跑遍了东北各省，最后才在赤峰找到沈宗嗣。

沈宗嗣的第一次离家，带走了大半个沈家的家业，然后在大沽城破时付之一炬，让殷实的家业缩水了一大半，而第二次离家，则直接让家中为了帮他还账而典田，造成沈家从一个每年可收三百石租谷的小康之家逐渐走向破产败落。

“辛亥革命的一课”给予沈从文的除了那些血腥残酷的杀人的记忆外，想必还要多上这一份绅士的败局以及家族的没落。

第 5 节　仍然放不下的那本大书

革命虽已成功，凤凰虽已光复，但在这个小城里除了在空中飘荡着的旗子等外在上起了些许的变化外，民众们骨子里的那种因循守旧却并没有什么变化，从前如何的，现今也不变，还依旧是那个平静的小城，就好像那一场革命只是大家做过的一场惊心动魄的用硝烟战火和淋漓血色编织的梦。

年少的沈从文即便是看了许多杀人的情形，心头也生出了很多疑问，但终究因“少年不识愁滋味”和环境的平静而将那场革命的影响压制到了心底最小的一个角落，过回了革命之前的那种在读一本小书的同时去读那本大书，去亲近自然，在自然和人事中发现那些能够开启自己思想和智慧的物什的生活。

因为民国的建立，风尚自然也要焕然一新，从衣食住行到政治、军事、文化，各方各面都兴起了一股新的潮流。凤凰虽地处闭塞边城，但还是迎来了它的新变化，对于沈从文来说，这些新变化中最令他欣喜的莫过于在 1914 年本地有了新式小学。1915 年，沈从文从私塾转入了城内王公祠的第二初级小学，开始了他的新式小学新式读书之旅。

在这所学校中，不要求背诵经书，教员也不可以随便打人，更重要的是学生不必成天坐在课桌旁边，可以在小院子里玩，甚至是互相扭打，即便是被先生看到也不会加以约束，每七天中还有一天放假的时间。有了这样的环境，沈从文也就不必再绞尽脑汁逃学了，只是每天在课堂之上依旧觉得学不到什么东西，所以一下课就同稍大一些的学生去打架，或者爬到门外的城墙上去看城外对河的景致，放学之后也和在私塾那会儿一样，绕很远的路去城外街上到处看。到了星期天学校放假，就在家里写完大字后溜出门，一直到晚上才回家去。

沈从文在这所第二初级小学里上了半年的学，半年之后在亲戚的建议下，母亲将他转到了城外第一小学，那里有他的两位表哥在执教。如果说在城内的新式学校沈从文已经很快乐了，那么到了城外第一小学，快乐之上更是增添了一分方便——放学后去街上玩儿是那样的正当，再也无需绕很远的路了。这所临山面水的学校，最大的好处在于随心所欲。尽管在学校依旧觉得课堂上学不到什么，字也没有认识多少，但课堂还是教会了他一两件事，像用刀在座位板下镌雕自己的名字；用白泥摹塑教员的肖像，然后取上如“绵羊”、“耗子”、“老土地菩萨”等或者更古怪的称呼。他所受益的更多的是那些有趣的外部环境给予的，如采药，钓鱼、采笋子和摘蕨菜等。

学校屋前屋后都是大树，所以一下课几个同学就相约去学校后山爬树，每个人各自挑选一株合抱的大梧桐树开始攀爬，比赛谁能够最先爬到树顶，由此，沈从文认识了三十种树木。又因为爬树总免不了跌下来或者扭伤脚、刺破手的情况，所以沈从文就跟着同学去采药，又认识了十来种草药。这些知识，是他从未在书本上获得的，于是便更加喜爱自然和人世这本大书，也喜欢在这本大书中去探索那些未知的领域，搞清楚一些事情。

因为每七天中就会有一天的假期，所以学习这件事对于沈从文来说，就成了例行之事。学校管束宽松他觉得无趣的时候，便同那两位执教的表哥请假。看戏请假、钓鱼请假，甚至几个人到三里外田坪中去看人割禾、捉蚱蜢也向老师请假……教员也不认为爱玩是一件坏事，所以每每请假都是应允的。学校既然管得这样宽松，又要到下午三点才放学，所以这中间的时间就需要想一些法子去消磨，除了坐在城墙上看河对岸的景致外，另有一个消磨时光的办法就是到操场一角的沙地上去翻筋斗，翻得不灵活的便在那人腰身上缚一条带子，两个人各拉一端，翻筋斗时用力一抬，日子一多，每个人就都会翻筋斗了。或者是“骑马作战”，让几个乡下来的高大的忠厚可靠的同学装马，稍小的孩子就做骑马的勇士，这样找出两组人来作战，直到勇士跌下地为止。偶尔有人受伤，就自行抓一把黄土将伤口敷上，全然不在乎。

到放学的时候如果时间还早，几个伙伴就常常出城去，如果看见有无人照料的柴船，就跳上去把船划到水中央等那船主人来，若是在岸上和和气气地说：“兄弟，兄弟，你们快把船划回来，我得回家！”他们就十分和气地把船划回去；若那人性格暴躁，大声喊骂，那他们也回骂，还会快快地把船向下游流去，然后把船搁在河滩上自己上岸，不再理会了。有时候刚跳上船，船主人就赶来了，抢上船头，故意把身体向左右连续倾侧，小船就在水面胡乱颠簸。没有经验的孩子因为担心会掉到水中去，必惊骇得大哭不已，但有了经验的人，就先看看是不是能逃得上岸，逃不了的话就不慌不忙地好好坐在船中，不告饶也不恶声相骂，过一会儿船主人就会让你明白他的行为不过是玩笑，他会抱歉似的向他们微笑：“少爷，够了，请你上岸！”于是几个人便上岸了。有时不凑巧，他们也会被人用小桨竹篙一路追赶着打骂。稍微逃得远点了，那就骂回去，等人追来时又快速地跑走。

革命后不仅有了新式学校，还设置了女学校，沈从文的两个姐姐就被送到了女学校去读书。女学校也是沈从文喜欢去玩耍的地方。他总是借着去看姐姐的名义，去学校外边儿一点的小鞭炮作坊，看那些工人制作小炮仗，还可以看到他们烘焙火药，碓舂木炭、筛硫磺、配合火药的原料，这些程序都被他看熟了，也明白了制作焰火用的药和制炮仗用的药中硫磺的分配分量如何不同。这些知识，都是学校读的课本上不能够学到的，且远比课本有用得多。女学校里还有一样东西十分吸引沈从文，那便是长廊下边的织布机器。这些机器在平常是不容易见到的，机器里大小不一的钢齿轮互相衔接着，只要轻轻动一下，整个机器便全部都转动起来了。他喜欢听机器转动时发出的那种异样、陌生的声音，喜欢到平日分明十分怕鬼但为了欣赏这机器，却敢逗留到黄昏还不走，一直到姐姐们大声呼喊着到处找他的时候，他才恋恋不舍地离开。

而一切玩耍中，沈从文最喜欢的莫过于玩水。天热时，到下午四点以后，满河中都是赤光光的身体，好事爱玩的人把自己的小孩、战马、看门狗、鸭雏等等全都带到河里去。如果有人不会游泳，那就扎紧裤管兜一裤空气，做成“水马”就能飘浮起来了，所以一般都不会出事，即便是出了事，大家也都很勇敢地救人。沈从文喜欢去河里游泳，而且是到人少水深的上游去。家里人自然不允许，所以沈从文去河里玩儿的时候从来都不告诉家里。那个时候，沈从文的父亲沈宗嗣已经出走去了北京，家里的所有事情都归了他母亲黄英和长兄沈岳霖管，对于他的管教任务自然也落在了年轻的大哥身上。

这位年轻的大哥对于拘管和侦察沈从文这件事十分地负责，因为担心沈从文下午去河里洗澡，所以每次沈从文出门不久，他便要去河边一趟，看看弟弟是不是在河里玩儿。有时候河里的人太多，沈岳霖又是个近视眼无法辨别出人来，就沿着河去找寻弟弟的衣服，一旦发现，就拿着衣服远远地坐到大路上去。沈从文从河里出来，自然不能不穿衣服，只能去找大哥取了衣服穿上，回到家中必定是一顿打。这样挨了两次教训，沈从文依旧舍不下去河里玩，于是便想出了新办法去逃过大哥对衣裤的搜查——搬石头把衣服压上。只要大哥到了河边，就有人给他通风报信，沈从文则立马潜入水中，向天仰卧，把身体都泡在水中，只露出一张脸来躲过搜查。沈岳霖找不见他的衣裤，在河中又看不见他的身影，就问常常跟沈从文裹在一起的同学："熊澧南、印鉴远，你见我兄弟老二了吗？"

那些同学便故意大声答着："我们不知道，你不看看衣服吗？"

"你们不正是成天在一堆胡闹的吗？"

"是呀，可是现在谁知道他在哪一片天底下？"

"他不在河里吗？"

"你不看看衣服吗？不数数我们的人数吗？"

于是河里的小人儿们就看着沈岳霖在张望了一番后相信了弟弟不在河里的话，站在河边欣赏景致，或者取出速写簿随意画两张河景，然后打着唿哨回去了。等他走后，沈从文他们几个伙伴就去模仿他哥哥刚刚做的问答，几个人相互间反复地问答着，愉快地回家去。有时候沈岳霖分明知道弟弟在河中，但又拆穿不了他朋友的谎言，所以就装作相信的样子，回头却隐藏在城门边，等到沈从文和几个朋友欢快地走近时，便风一样跃出，一把攫住沈从文的衣领拖回家去。后来沈从文又有了应对的办法，玩水完了进城的时候故意慢一阵儿，和其他朋友拉开距离，有的时候干脆绕远路从东门回去，只要没有被当场抓到，也就不会挨打受罚。

如果遇上星期日学校放假，那么就有一整天的时间出去玩，沈从文便常常前一天就邀好几个人，到河上游去泡一个整天，还摸了鱼烧来当点心。有时那一天正当附近十里长宁哨苗乡场集，就空了两只手跑到那地方去，玩一个半天，欣赏集市上的各种交易，卖牛的、卖猪的、卖鸡的、卖山货的……各类都有卖，此外，他们还喜欢到赌场上去看看那些乡下人一只手抖抖地下注，替别人担一阵心。场集上还有各样水碾、水碓和水车，经过榨油坊还可以听到打油人唱歌的声音。造纸工人用水力捣碎稻草同竹篠，用细篾帘子舀取纸浆做纸。然后看到那些造船工匠在太阳下安置一只小船的龙骨，或把粗麻头同桐油石灰嵌进缝罅里补制旧船。苗人决斗以及小河边长眉秀目的苗族女人也是十分常见的，每一件事都让他觉得新奇和满足。

每一次去赶场，总要来回二三十里路，几个孩子身上极少有钱，偶尔有一两枚铜元，就到狗肉摊边割一块狗肉，蘸些盐水，平均分来吃吃。或者无意中谁在人丛中碰着了亲长，被问道："吃过点心吗？"大家正饿着，互相望了会儿，羞羞怯怯地一笑。那人知道情形了，自然就拉着他们到狗肉摊边去，切一两斤肥狗肉，分割成几大块，每人来那么一块，蘸了盐水往嘴上送。如果不幸没有碰到亲长，或者亲长没有这么慷慨，几个人就去摘沿路的桃子、李子以及地里的红萝卜，或者路塍上的野樱桃、地枇杷、山果野莓，渴了就随手掬一捧水，总之不会瘪了肚皮回家。哪怕是真的没有吃到东西，几个人也还是十分高兴，乡场中的那一派空气，一阵声音，一分颜色，以及在每一处每一个生意人身上发出的那一股气味，都能够使他们感到满足。而因为有了这份心灵上的满足，所以口腹间的满足也就不那么重要了。

后来，沈从文再回想起这段读"大书"的时间的时候，是那样的满足和无悔——"总而言之，这样玩一次，就只一次，也似乎比读半年书还有益处。若把一本好书同这种好地方尽我拣选一种，直到如今，我还觉得不必看这本弄虚作伪千篇一律用文字写成的小书，却应当去读那本色香俱备内容充实用人事写成的大书。”

大约是因为每次早上被家里派遣出去买菜手上都能够剩下三五个小钱，让沈从文有了接近骰子的机会，所以他竟然就学会了“赌骰子”——这件让家里和亲戚都十分不理解的事。他喜欢那种三五个人蹲在戏楼下边，把三粒骰子或四粒骰子或六粒骰子抓到手中，奋力向大土碗掷去，然后跟着它的变化喊出种种专门名词时的感觉，能够让年少的他忘记一切，在那一瞬间，整颗心都被装得满当当、沉甸甸的。富于变化的六骰子赌，七十二种快臭，沈从文一眼就能十分准确地喊出它的得失，谁也不能在年少的沈从文面前占到便宜，也没有谁能够骗得过他的眼睛。这样的仿佛世界上没有什么事情是自己不晓得的感觉，让沈从文沉迷，沉迷在那六个面的骰子和六个不一样的点数上。

沈从文自从迷上并且也精通了赌骰子这项活动后，但凡遇到早上家里派遣他出去买菜的机会，他就胆大地把买菜的钱和一群小无赖去赌骰子，如果赢了钱，那就全部拿去买东西吃，如果不凑巧输了，那就悄悄地跑回家去找疼爱他的外祖母，把买菜的钱求到。但是这样的做法是十分冒险的，被母亲或者大哥知晓了，他必然要挨一顿打，所以便不敢把所有的钱都拿去赌，只抽出一两个铜子，赢了就走人，如果输了也不敢再下注，买菜的时候就要减少些菜的斤两，然后蒙混过关。

后来沈从文的赌术越来越精湛，倒是不一味地求赢了，觉得赌上半天来个不输不赢更加有趣和考验水平一些，所以在赌博一事上花费的时间就越发的多，家里也就知晓了他赌骰子这件事，所以必然要采取一些措施——大哥沈岳霖就开始侦察他的行踪。沈从文最怕的事莫过于正玩得高兴的时候，忽然后领就被一只强硬有力的瘦手攫定，然后耳边响起一道哑哑的声音："这一下捉到你了，这一下捉到你了！"

听到这个声音的时候，沈从文也无需回头，便知道是哥哥前来抓他了，连挣扎都给省了，就这样被揪着后领拖回家。这般模样过街，叫在街上向来很有脸面的少年觉得颜面全失，只能恳求大哥稍微平和一些，只抓着他的一只手。如果遇上恳求不被答应，那就只能趁着大哥不注意的时候，猛地挣脱开，先行跑回家去，即便是回去之后所受的惩罚更重，也好过在街上被人看了笑话。等到大哥也回到家中，这顿打也就赖不掉了，待遇也是一贯的惨烈，用一条绣花的白绸腰带把他两只手都绑起来困在空着的谷仓里，用鞭子打几十下，上半天不许吃饭，或是一整天都不许吃饭。亲戚中有人看到他被这样打也觉得十分可怜，觉得哥哥不应当这样虐待弟弟，那个时候的沈从文也总以为在这件事情上他所受到的惩罚过分了些。他的那个年纪，只觉得家里人不要他玩，不要他痛快，却忘记了一个世家的荣耀，他从来不知道依沈家在当地的地位，他不顾脸面地去和乞丐、混混赌博这件事，给家中惹来了多少非议，让这个本来就没有了主心骨的家庭遭受了多么严重的打击。

在混迹街头的时候，沈从文学会了赌博术语，还学会了不少下流野话。这些不应该出现在世家子弟口中的话语让沈从文在亲戚中的身价降低了。不过一件事情总是存在着两面性的，尽管那些粗野的话在当时带给了他一些不利，但是在十五年后，当他开辟了小说这一片天地的时候，那份从前被人诟病的粗野却给了他良多益处，增加了纸上故事中人物的色彩和生命，让他可以用一个脑袋和一只笔写出无数形形色色的人以及属于他们的故事和人生。

第6节　预备兵开启的军旅生涯

辛亥革命胜利了，因为它推翻了中国两千多年来的封建帝制，也推翻了统治中国近三百年的清王朝，迎来民主共和的民国。然而辛亥革命又是失败的，因为革命最终的果实被袁世凯掠夺，演变成一场帝制的复辟。1915年，袁世凯加快了复辟帝制的步伐，发表《共和与君主论》，污蔑中国“大多数之人民智识不甚高尚”，所以“中国如用君主制，较共和制为宜”，暗中组织“筹安会”鼓吹帝制，接受“国民代表大会”的“推戴书”准备择日称帝。这种忤逆民意的复辟行径自然引起了国内各界的强烈反对，纷纷爆发讨袁战事。这年年底，蔡锷将军南下云南，联合云南都督唐继尧、前江西都督李烈钧等进步势力宣布云南独立，由此拉开了护国战争的序幕。

凤凰也受了这场运动的影响，地方上认为军队非改革不能自存，所以镇守署决定设立四个军事学校——一个军官团，一个将弁学校，一个教练兵士的学兵营，还有一个教导队。四个军事学校都采用新式训练方法，常常可以见到军校里的青年学生结队成排在街上走过，和辛亥年的革命胜利那会儿相比，小小的县城里顿时换上了一派全新的气象。有了这股新风气，加上凤凰本就是一个崇尚力量的地方，所以地方上的人都觉得去小学学习是一件十分有意思和有出息的事，尤其是小孩，饭后课余总爱跟着军官团的一个教官去操练，于是就有了“预备兵技术班”，技术班的学生先是在大街上操练，后来又借了附近的军官团操场使用，不到半月便招集了一百人左右。

这些经过了操练的孩子精神就比其他人要特别、强悍一些，沈从文有同学在里边，操练了一段时间后在同学之中就明显有了些不同，加上参加这个技术班的人，每两个月就可以考选一次，考上了还可以补个名额去当兵，于是沈从文也起了心思，便去征询母亲的意见，看看将军的后人，是不是仍然得从步卒出身。

这个时候沈从文的大哥沈岳霖已经得到了父亲沈宗嗣的书信，北上过热河去找寻父亲去了，家中的事情就全部由母亲裁决，沈从文没了大哥的监管拘束，日渐放肆起来，他母亲根本就管教不住，想着预备兵技术班中规矩严格，又能够有机会当兵考一份口粮，比他成天在外边疯玩要好上许多，加上在本地挥洒热血从来都是年轻人的希望——在当地长久的历史中，但凡是上层阶级，多是由军旅出身，咸同年间便出了四个提督，后来还有位从日本士官学校出来的朱湘溪，做了蔡锷将军的参谋长，出身保定军官团的更是有一大堆，在湘西十三县似占第一位。而文人出身的，便只得一个翰林熊希龄、两个进士、四个拔贡。在这样的比较之下，当兵自然是最好的出路，更何况沈从文的祖父是将军，他的父亲即便没有成为将军，但也到了军营，且一度希望沈从文能够继承当将军的遗志。所以沈从文的母亲在听到预备兵技术班的时候，当下便答应了，希望技术班能够管束住沈从文那爱撒野的性子，还特地为沈从文缝了一套灰布制服。

这样，将军后人就决定去做兵役的候补者了。

在技术班中，沈从文果然如母亲所期望的那般，被管制住了野性。而这一切，都要多亏了那位训练他的陈教官。

沈从文在获得母亲的同意后便把这件事告诉了学校的班长梁凤生，

由他带着去见那位姓陈的教官。第一次见到陈教官的时候，沈从文的心中实在有点害怕，那人仪表威严，走路的时候总是挺着胸脯，散发着一股威严之气。加上沈从文早前就已经听说过他的杠杆技术曾经得过全省锦标，亲眼见过他在天桥上竖蜻蜓用手来回走四五次，在杠杆上打大车轮至四十来次，所以积威更重。哪怕是在一群小人儿中已经算得上是个小头目级别的孩子，到了这教官面前，他依旧是惴惴不安。然而又因为男孩子天生对力量便有一种崇尚，所以对于这个在他心中堪比新式徐良、黄天霸的教官，虽心有畏惧却也十分欢喜。

沈从文去技术班的时候才十四岁左右，因为在六岁的时候出了疹子差点丢了性命，后来又得蛔虫病，体质就变得十分虚弱，刚刚进去技术班的时候，总是赶不上别人，好在教官顾念他年纪小，所以多有照顾，在操场中跑步的时候就特地把他剔除，练习步伐的时候也会想办法不叫他吃亏。大概过了十多天，沈从文的能力和勇敢就得到了教官的承认，凡是需要大家一起去做的事情，便不会再额外对待他，也让他和大家一起。

在这个技术班中，除了教官，还有一人对沈从文的帮助极其大，那便是他们的班长梁凤生。这人不仅担着他们学校的班长，也是技术班的班长，梁凤生在学校书读得很好，每次考试总得第一，在技术班里成绩也非常好，是个不折不扣的优等生，更为可贵的是，这个优等生有一副好心肠，十分乐于助人。他家中有一个寡母和两个兄弟，母亲守着三个儿子，全靠替人缝衣服过日子，所以梁凤生每天散操以后总是飞快地跑回家，把那个装满削好的甘蔗的篮子提上街去卖，赚回三五十个小钱。然而尽管赚钱十分辛苦，每个晚上都还要在大街小巷里来回叫卖，但他对同学和朋友却极为慷慨，遇上了总要把五文一段的甘蔗塞到朋友手里，却一句话不说，风一样就跑掉。沈从文遇到过两次这样的情况，尽管并不想吃甘蔗，但心中却感动得厉害。

沈从文刚进技术班的时候，要配备一位单人教练，梁凤生就做了他的教师。每次要到小操场的沙地上去学习打筋斗的时候，梁凤生就用腰带束住他的腰，保护他不被扭坏了腰腿；有时沈从文需要攀上杠杆，用膀子向后反挂，预备来一次背车，在旁小心照料的也总是梁凤生。有次训练背车时不小心从杠子上猛地掼到沙地上，喉咙被跌哑了，无论怎样用力都说不声音来，梁凤生赶紧搀起他来，架着沈从文在操场上乱跑了好一阵儿，沈从文才慢慢说得出话来，不致出现什么后遗症……

然而尽管梁凤生待沈从文极好，但沈从文最终还是没能够同他成为最好的朋友，这大抵便是一个优等生和一个爱玩的学生之间天然存在的隔阂，哪怕是处得再和谐不过，却依旧不能够交心。在学校，和沈从文关系最好的一个同学是陈肇林，在技术班的好朋友叫陈继瑛。

技术班的训练十分严格，采用的是新式训练法，然而虽说是新式，操练起来却十分的死板。首先是在规矩上，操练时姿势稍稍不合要求，教官当胸就是一拳；服装风纪如果略有疏忽，那也必定要吃巴掌，还得罚立正半个小时；跳木马时，如果不小心掼到地上，那也不许哼声；野外演习的时候，教官只要喊一声卧倒，那么不管地上是水是泥，都得立即扑下去。在教授的内容上也十分死板，学跑步的时候往往一跑就是一个小时不停歇；练习走步也是一练老半天，一点儿新意也没有，十分单调；还有打靶、白刃战、射击、筑城的学习，这些课程基本上都是以文字讲述为主，里边充满了深奥的道理和晦涩的生词，时常都不能够听懂。这些训练和课程，对于一群十二岁到十七岁的孩子来说，实在太过艰难。

而相对于技术班来说，当地还有一处训练班，在沈从文眼中，那处训练班中的传统旧式训练法才是最符合他心意和志趣的。训练班的主持者是一位邻居，小孩子管他叫腾四叔，同辈的便称呼一声腾师父。这个训练班中，规矩不如技术班那样大，也没有那么凶狠，动作不合要领，就让退到一边去，看师父亲自做一遍示范，虽然也要挨处罚，但那里的处罚却是让犯错的人在河里游一趟泳，或者其他类似的处罚。对于沈从文来说，这是一个极其有趣的待遇。在教学内容上两个班也有很大的不同，技术班的学习是枯燥呆板的，总被训练班里的人嘲笑为“洋办法”。训练班的人学习的都是翻筋斗、打盾牌、舞长矛还有耍齐眉棍，这些能够让小孩子一展身手的训练对于沈从文来说无疑是一种享受，光是那盾牌就有圆的、方的等各式各样的，上边还描着十分好看的彩色花纹，武器也是许多种类，如标枪、弓箭等，他们还会学习骑马射箭、学习摆阵、练习格斗……学习和游戏从来都不会分开，十分活泼有趣。

因为有了这样的差别，所以教官和学兵之间的关系也不大一样，技术班的人对教官是尊敬和惧怕、紧张和拘束，但在训练班中，学员对于师父却是一种爱和亲热。

腾四叔身怀奇才异能，空中翻筋斗、爬桅杆、扎猛子、捉鱼、采药医伤等无所不能；性格也十分有趣，对谁都十分和气，又讲公道，还特别能和小孩子玩到一块儿……依照沈从文好玩的性子，本来他是极其喜欢腾四叔的训练班的，然而家里人却认为腾四叔是个怪人——因为他不但教孩子演兵布阵，还教他们用骰子摆阵赌博；既教孩子打拳练习，又鼓励他们打架斗殴，所以家里人不许他接近，加上去腾四叔那个训练班的大多数都是寒门子弟，而沈从文这个时候的家境尚还没有完全败落，也是当地的上层，沈从文本身便染了一些上层人士眼中不好的习惯，所以更加要杜绝他再度学坏，自然不许他和腾四叔那样性子的人泡在一起。只是沈从文因为实在太过崇拜腾四叔，所以常常瞒着家里人跑到他那里去玩。在腾四叔那处，他学会了一些自救和救人的知识，后来在军队中遇到危险的时候，也是这些知识帮助他度过了一次又一次的难关。

每天下午三点吃过晚饭，沈从文便同他在技术班里最好的朋友陈继瑛穿了灰布军服，在街上气昂昂地并排走出城去。每出城到门洞边时，卖牛肉的屠户就故意逗他们，喊叫他们作“排长”。有一个守城的老兵，也总是一面故意做鬼脸，一面阴阳怪气地叫他们“总爷”。不过两人却并不在意这些，因为在少年人的心间，都想着将来是要做大事的。陈继瑛一心想要当团长，沈从文也一心只想进陆军大学，所以“排长”、“总爷”之类的位置，他们还并不放在眼里。

这个时候虽然已经没有了科举制度，但年少的沈从文俨然有一个“将军”的志气。父亲将祖父过去的那一份光荣用许多甜甜的故事输入到他荒唐顽皮的小脑子里，尽管平时并不怎么在意，然而当他身处在那个环境的时候，却打心底里生出了一种自己就是要做将军的豪气，并且在很长一段时间里，他总穿着那身灰布军服，生活在对做将军的想象中。

在技术班待了一段时间后，营上的守兵就有了几名缺额，这个时候就是检验大家平时训练成果的时候了，如果考上了，就可以当兵去。沈从文先后参加了三次守兵缺额补充的考试，无奈三次都没能获得那个名额。考试的内容就是将他们平日里练习的各种技术都演习一遍，在小操场杠杆上做挂腿翻上，再来十个背车。又蹿了一次木马，走了一度天桥，且在平台上拿了一个大顶，再丢手侧身倒掷而下。又在大操场指挥一个十人组成的小队做正步、跑步、跪下、卧下种种口令，完事时还跑到阅兵官面前，用急促的声音完成一种报告。演习的时候会有镇守署中的参谋长和许多别的军官在场，沈从文面对着那份威严心中难免有些慌张，但好歹动作还没有什么失误，只是在一个组里有比他更加优秀的人而已。

第一次考试名额是被一个叫田杰的人得了去，这个人原先在美术学校是考第一名的，在他们班里又做了许久的大队长，各方面都十分优秀，所以对于他占了这个名额，也没有人有异议。这一次沈从文虽然没有考上，但家里人却依旧十分高兴，亲切地对他笑了许久，第二天还专为他杀了一只鸡以示鼓励，因为在家里人的心中，他俨然已经是未来的将军的既定角色了。

第二次考试，缺额被一个姓舒的小孩子占了去。这个孩子的年龄和沈从文不相上下，虽然各种技术都不如沈从文，但却极有胆量，敢从一个两丈余高的天桥上翻倒筋斗掷下，稳稳地落地。

第三次考上的是田棒捶，撑篙跳会考时第一，所以大家也没有什么异议。

尽管三次考试沈从文都没能够考上成为一名正式的军士，但家里人却欣喜于他的改变——不再如从前一样疯玩，每天衣服都是穿得整整齐齐的，还懂了许多军中的礼节，已经有了一位大家的少爷和未来的将军该有的气质，觉得他终于是走上了正路，所以待他格外地好了许多。

然而好景不长，技术班的那位陈教官因为太过能干，一人就把技术班管理得井井有条，所以被镇守使看中，调去做了卫队团的营副。

教官一离开，这个技术班自然也就在无形之中解散了。在这之后，沈从文不得不结束八个月左右的预备兵生涯，重新回到学校，过回了从前那种一边上学一边野的生活。

这一年，沈从文终于上完了小学，升学到了初中。然而也是在这一年，沈家彻底破败。沈宗嗣自1912年离家，到1916年年底袁世凯死去的时候才和家里通信，在外避难的这五年，他结交的人都是官员，为了面子和应酬，在外边欠了很多债务，家里的田地都典当了去给父亲还债，到后来，家里的田产便都悉数典当尽了。沈家从一个富裕家庭变成一个贫穷之家，然而命运却并没有就这样放过这个家庭，沈家败落的第二年，沈从文的那个聪明美丽的二姐过世了。沈家几乎是一团糟，大儿子沈岳霖在听力和视力上都有问题，唯一拿得出手的就是那股艺术的气息，此时也已经北上寻父去了，大女儿迟早是要嫁人的，二女儿正当如花的年纪却不幸殇逝，小儿子过继给了叔父，小女儿才将将五岁，家中唯一的男孩子却又整日不服管束，劣性不改……在这样的处境中，当家做主的沈家主母黄英在精神上和身体上都承受着巨大的压力，于是这位果断坚决的母亲做了一个决定，送二儿子去当兵，放他到外边的世界里去学习生活，去接受磨砺。

那一日正是旧历七月十五中元节，按照习俗，这一天是要到河边去祭河鬼的，谁也不敢下水去，所以原本十分热闹的河面显得异常清静。这一日沈从文也用小木盘托些纸钱、水酒和白肉去了河边，烧了纸钱，浇掉了白酒，吃掉了那块白肉，然后丝毫也不理会那不能下河去游泳的习俗，脱了衣裤就泡进了河里。没有了平日的拥挤，一个人的世界令沈从文感到无比的满足和欢欣，所以足足泡了两个小时才回家去。回家到吃过晚饭，母亲黄英就要沈从文去换件体面的长衫，穿上新鞋袜，说是要到一个亲戚家去，沈从文问去做什么，却只得到母亲“去了就晓得了”的回复，然后他们去了从前做过邻居的杨家。

杨家住在城中一个地势较高的地方，要爬过二十多道高坎，穿着长衫新鞋，本来就不自然，又因为母亲并没有告知沈从文这次是为着什么事情，所以心头不免有些忐忑，生出一股“莫不是看郎？”的疑惑。沈从文记得杨家，因为杨家有个和他年纪差不多的女儿，叫做杨莲生，人称莲姑，长得十分秀气，最重要的是还未曾许配人家，所以沈从文对于这位美丽的莲姑十分惦记，时常都想要去他们家，却又不敢去。如今站在杨家屋门前，沈从文只觉浑身不自在起来，央得母亲承诺让他只到杨家花园里找莲姑玩这才敢进门。正当他和莲姑在花园里聊得投机时，却被一个丫头叫去了屋里。一进去，本来在谈话的母亲以及莲姑的父母都不再做声了。沈从文向着杨家父母行过礼，就被母亲叫着坐下，一副欲言又止、难于开口的模样。沈从文因为之前心头产生过“看郎”的想法，再见着几人的怪异，心中难免染上了一层别扭的怪异情绪，只觉得这该不是要谈论自己的人生大事了吧？气氛略有些紧张，直到母亲犹豫了好一阵之后才对他说，她与杨家表叔商量过了，让他去当兵，明天一早就要动身去沅陵。

这句话一出口，屋里紧张的气氛顿时就轻松了许多。只是，这个决定对于沈从文来说，到底还是太过突兀了些。

那天回到家中，沈从文在灯下痴痴地弄着那朵从莲姑家带回的莲蓬，平日里总爱和他争东西的小九妹也显得十分乖巧，似乎知晓了这个哥哥明日就要离开了，所以也不和他去争要那莲蓬了。接着，沈从文又去拨弄了一回他养的蛐蛐，看着它呲牙咧嘴的有趣模样，沈从文决定把这蛐蛐也一并带着出门。那天，黄英一边为儿子准备出门要用的东西，一边垂泪，这个沈家的希望，她身边唯一的儿子，若非家道中落，她是决计舍不得送他去外边的。

对于出去当兵这件事，沈从文的心中其实是欢快的，因为母亲已经和那位杨家的表叔说好，此行是去做护兵的，可以背盒子炮，对于男孩子来说，这个诱惑足以让他们乐得亢奋一晚上。只是面对母亲暗自抹眼泪的动作，沈从文的心中到底多了些酸涩，上床睡觉的时候还哭了一回。

第二天一早，沈从文在睡梦中被大姐摇醒。外祖母和母亲殷殷叮嘱，一家人送沈从文到大门口。天上落了小雨，沈从文穿着一身大姐连夜赶制的蓝布绸衣走进队伍。这一刻，沈从文终于体会到了一个少爷和想象中的“将军”向现实中的士卒跌落的恐慌心情。那些从前认识的军官，从他面前走过，都仿佛不认识他，就连往常一直叫他“四哥”的莲姑，也开始唤他的名字，从这一刻，所有人都不再和他平等，他只是一个小小的军中的护兵。那些从前的属于将军后人的荣光，已经黯然。

凤凰，笼罩在一片朦胧的烟雨中，如同放久了的老照片那样，渐渐地模糊了，又如同他此刻迷茫的心境，那种面对着天真的想象和冰冷的现实的差异而形成的心里落差，让这个少年人生出几分心酸，几分难过。

从军行，这是一段十分艰难的路程，从凤凰出发，需要行走六十里路才能够寻到去沅陵的船。沈从文是第一次走这样远的路，背上包袱里的重量也随着路程的增加而增长，脚上磨出了水泡，双眼发直已经不知道该把目光放到哪里去了。好在遇到一个脚夫，看他人小可怜，于是帮沈从文提了包袱，又遇到一位和他叔父做过同学的中年差遣，这才算是有了熟人说话。这一天一直到黄昏，才到达高村的大河边，见到了二十多只篷船并排停在水边，船上站满了士兵，沈从文找不到歇脚的位置，又不晓得自己属于哪支队伍，也不晓得该去问谁，只好独自坐在河边的大石上发呆。

一个十五岁还不到的少年，看着逐渐黑下来的天色，看着因为气温下降而使得河面上升起的一层白雾，看着一群野鸭子一类的水鸟，在沉沉暮霭中略过宽阔的河面，朝着对面飞去……少年感到了异常的孤独，这种孤独不同于他在家那会儿因为全家人都不理解他逃学而一致反对的心情，这是一种沉寂，静得连呼吸都要小心翼翼，因为这样的环境是那样陌生，看不见的未来被层层迷雾所掩盖。少年的生命将从这里，搭载着这并排着的二十多只篷船中的某一只，驶向远方，驶向不同于以往的生活，进入到一个崭新的世界里去。

第二章

行伍——每个少年心中都有一个将军梦

第 1 节　少年沅陵从军行

一个不到十五岁的孩子的生活应该是什么样的？在学堂里上课，和老师较劲儿，逃课去干自认为有趣的事儿，和成群结队的伙伴们四处撒野、尽情地打闹玩耍……这是一个十四岁多的少年应有的生活。

沈从文原本该过的也是这样的生活，沈家那样的世家，即便是家中人对沈从文的要求极高，但在他十四五岁的时候，也必然不会剥夺他拥有一个少年应该拥有的幸福快乐的生活。剥夺了他这享受一切年少无忧的权利的是家庭的不幸，这种不幸，来自于他的父亲沈宗嗣。

倘若沈宗嗣不曾好强离家出走，倘若他能够稍微放下一点自己的面子，也不至于为了结交官员而借钱挥霍，以至于家中不得不为了帮他还债而抵押田地，使沈家败落，家中艰难，连如今住着的那栋房子也只能保住三五年。要不是为了减轻家中的负担以及期盼一份未来的希望，黄英是决计不会生出放儿子一个人出去闯荡的想法的。在儿子离家的时候，她那样殷切地嘱咐，这一去不求他做官发财，只盼他能好好做人，三年五年后，若是能够有所成就可以接济家里些许，这便是那个时候黄英最大的期盼了。

沈从文踏出生活了十四年的凤凰小镇，踏出那个被山水包围着的闭塞却美丽的地方，在对外边世界向往的同时，心中的那一抹从前从来不曾感受到分毫的孤寂从此刻开始落地生根，在他的心尖上发芽。好比他看到那些从前他家的左邻右舍，以及和他家有过交情的军官骑在高头大马上从他身边走过，都仿佛不认识他一般，看着那些军官家的小姐都不再称呼他做四哥，而改叫了名字，他就是小兵中的一个，毫不起眼，再也不是那个富裕的沈家的大少爷。好比他坐在高村的大河边的石头上，看着那些并排着的篷船，却无法找到属于自己的容身之所的时候，那种孤寂的感觉就从他的心底散发出来，笼罩了他整个人。

年少的沈从文第一次感受到一个小康之家败落之后的“真面目”，只是这种“真面目”在这个时候的他的心里，只等同于大家见了他不再像从前那般熟络，会假装不认识他，他感到孤独和不适应，却还不能理解这是一种世情。

他在那块大石头上坐了许久，看着船上的人忙碌着，揉着被长途折磨坏了的两只脚，直到那位在路途中说上了话的叔父的同学、那位中年差遣看到了他，这个他唯一有点儿熟悉的人带着他上船，给了他一处容身的地方。尽管这只小船的船舱里连舱板也没有，只铺着一些稀疏的竹格子，船一摇动就可以听到舱底的流水声，这是一个夜间都不能够入睡的地方。然而就是这样一只简陋到了极致的小船，他们也必须寸步不离地待在上边，因为没人能够保证倘若人离开了，位置还在不在。取饭的时候，沈从文幸运地碰到一个军械处的熟人，这才终于得以脱离那艘简陋的小船，到军械船上睡了一个舒服的大觉。

因为有了好的环境，又有了熟人，于是那份离家后面对着陌生的世界的孤寂感又被世界的新奇给暂时地压制下去了。在船上，沈从文看到了许多有趣的事，有趣到能令他忘记所有不开心的事情。大河中，“二十四只大船有时衔尾下滩，有时疏散散浮到那平潭里，两岸时时刻刻在一种变化中，把小小的村落、广大的竹林、黑色的悬岩，一一收入眼底。预备吃饭时，长潭中各把船只任意溜去，那份从容那份愉快处，实在使人感动。摇橹时满江浮荡着歌声。我就看这些，听这些，把家中人暂时完全忘掉了。”

在水上漂泊了四天后，二十四只篷船编成一长排，停泊在沅陵城下中南门的河岸专用码头边。又过了两天，这些从凤凰到达沅陵的三百多名军人驻扎进了总爷巷的一个旧参将衙门里。这便是一份新的生活的开始了。

旧参将衙门并不是一处好地方，甚至谈不上是一处可以住人的地方，沈从文对这个地方的第一印象是脏乱差——墙壁上到处贴着膏药，地下堆满了破瓦片和乱草，草中还有着成堆的黑色干粪便……这样的环境自然需要打扫一番才能够暂时做个安身立命的地儿，于是上头安排了二十个人来完成院子的清扫。大概是因为这项工作对于其他工作来说已经算得上是一份闲差，所以向来好运又比较弱小的沈从文也被指派进了这支做扫除的队伍。所有人都在一种异常的快乐中，手脚并用地清理了一整天，终于将院子都弄清爽了。庶务处又送来了草荐同木板，在地面垫上了砖头，把木板平铺上去，摊开了新做的草荐，一百个人便一同躺到这两列草荐上，十分高兴把第一个夜晚打发走了。

当在这个旧参将的衙门里住下后，军队的运行也就正式开始了。沈从文终于有了自己归属的队伍，被编入了支队司令的卫队。卫队成员都是心思单纯、身体结实的小兵，年纪大的约二十二岁，年纪小的只十三岁。大家都睡硬木板子垫砖头拼成的通铺，吃陈年糙米饭，早上起床号吹过不久就吹点名号，点名完毕就下操坪跑步。下午无事可做，便躺在通铺上唱《大将南征》的军歌。领到枪后，就坐在太阳底下擦枪，每天如此周而复始地重复着上边的动作，偶有例外便是有时候支队司令出门会客，需要选派二三十人护卫，幸运的人便能够比其他人多出一段经历和一些有趣的体验来。沈从文某一次保护着生有连鬓胡子的司令官去某处祝寿，还得过五毛钱的奖赏。

沈从文因为早前在预备兵技术班学习了八个月，尽管在教官教授军事知识的时候觉得无聊，但慑于教官的威严，到底没如同在学校的时候那般敢逃课，所以对于那些，倒是比常人要熟悉得多。于是很快，因为沈从文在内务上的出色表现，得到了上司夸奖，被升为上士班长。

他的性子本就好动，喜欢各处去玩，各处去感受这个人世的各种各样，用自己一切可以用的时间去读人生这一本大书，去亲近最真实的人世。所以，他在坚持了一段日子的既定的跑步、擦枪的生活后，又开始了他“走出去”的生活。

因为卫队并没有下达不许外出的命令，所以沈从文的外出自然也不会受到阻扰，比起在家那会儿处处受到管束的日子，倒是逍遥自在许多，这一点让沈从文十分的满足。

和在家那会儿一样，他最喜欢的莫过于逛街，去看那些新奇的事物，只要遇上自己感兴趣的，便要花费大半天的时间逗留。照他自己的话说，那便是“同个绅士守在古董旁边一样恋恋不舍”。

除了在街上张望，沈从文还喜欢跟着给团长管马的马夫去放马，把缰绳固定在草坪上后，两个人就开始躺到草地上晒太阳，然后谈天说地，讲述一些各自的新奇见闻；喜欢同营里三个小号兵，到城外河坝上去学吹号，或者爬上城墙，看看那些中学生打球……最令他不能忘怀的、每天都要去的一个地方，是城门洞里的汤圆铺子。沈从文对那里的汤圆有着十分执着的热爱，每天总得在那里吃一回汤圆，或者坐下来看看各种各样的过往路人。

或者就是去南门码头，看沅江水上下驶上行的船只、木排。

沅陵同凤凰一样，依山傍水，只是比起凤凰的闭塞，沅陵要开明得多，经济也要繁荣得多。因为位于沅水中游的地理位置，所以水运倒是十分发达，成为沅陵上游各县和常德、长沙之间各类船往来的必经码头。沈从文那时候对经济并没有什么关注，他的关注点永远都是那些颜色鲜明，可装四五千桶桐油的洪江油船。白河船、辰溪船、麻阳船、方形木排……每一种船都有着各自鲜明的特征和用途。那些穿梭于河面上的船只，竟似乎像是有着生命一般，是个独立着的个体，在那条千里长的沅江中按着各自的轨迹，行走着各自的路，偶尔还会发生一些属于它们之间的竞争。

沈从文站在码头上，看着一群精壮的汉子站在那体积十分惊人的长方形木排上奋力击水划船的模样，看着船只顺流而下，只觉十分有趣。偶然间，河面上随风飘来一阵橹歌：

“依来嗬吓！哟嗬吓！到了沅陵不怕三洲险，哟呀！到了桃源不见滩，依嗬吓……”这声音分外动人，伴着帆影，将沈从文心里的那点儿淡淡的乡愁一点一点地抹去。

第 2 节 清乡剿匪中的所见所闻

1916 年，窃取辛亥革命胜利果实、违逆民意复辟帝制的袁世凯在登基称帝八十三天之后，终于结束了他的帝王美梦，在声讨声中含恨而去。袁世凯的这种窃国行为，一直都为各地有识之士所不满，他死后，各地纷纷举旗，中国进入军阀混战的时期。各地势力纷纷突起，拥兵自重，生出大小军阀，而各军阀之间对于土地和军力这两样决定其势力的要素又相互争夺，在中国四分五裂的土地上引发了一场又一场的接连不断的狼烟烽火。

湘西虽位于偏土僻壤之地，然先前有曾国藩组织的湘军，其在与太平天国的抗衡中犹如一只神兵，加上湘西军民骁勇尚武，军阀势力自然很快也在这里形成。沅陵地方趁势组成靖国联军第一军政府，也即是湘西联合政府，与驻兵常德身充的旅长冯玉祥对峙不下，两军都持防守的态度，各自守着自家的地盘，然后等待时机。

这个联合政府下边成立了三支部队，一支由军政长凤凰人田应诏统领，一支由民政长芷江人张学济统领，还有一支的首领是黔军旅长，后来回黔做了省长的卢焘。尽管外表强悍，但这并不代表着军队内部各支军队之间就一定是和谐的，争夺算计的暗流悄悄在各军之间涌动，时常因为防地的分配问题而发生磨擦。

当时，联军人数众多，光是第一军和第二军便有十万人左右，加之第三军人数，是个十分庞大的数字。这三支军队中，各抽出一部分人驻扎在沅陵，于是在沅陵那个全城人口不过五千户的地方，竟然驻扎了四倍以上的两万有余的兵士。这对于沅陵来说，无疑是难以承受的重负。因为军费开销众多，且全由湘西二十余县的弹丸之地供给，民众自然不堪忍受这重担，于是军民之间的矛盾被激发。为了维持地方的稳定和经济发展，联军首脑们召开了一次会议，决定重新分配各军驻地。仅留下一部分驻兵用以防守下游冯玉祥军的侵袭，其余的部队就分散到各县城驻防。

当时沈从文刚刚跟随部队到沅陵不久，接到这个命令，心中无疑是极其喜悦的。他当时所在第一支队属于张学济统帅的靖国联军第二军，在会议中被指派去了芷江境内“清乡剿匪”。对于沈从文来说，这是他第一次即将进行的正式的一次行军，身体里流淌着的将军的血液让这个少年完全没有丝毫的畏惧，反而还因为要动枪打仗，和土匪来一场作战而格外地兴奋。他拿着出行前每人发的一块现洋钱，特地买了一把名叫黄鳝尾的小尖刀，仿照着那位苗人连长的样子，把刀插到裹腿上。最后，沈从文就着这身神气的打扮，去城门边吃了一碗汤圆，而后离开沅陵，踏上了“清乡剿匪”的行程。

行了七天水路，又走了三天旱路，终于到了沅州所属的东乡榆树湾。

路程虽走得远了些，但因为是奉命去“清乡剿匪”，所以沿路受到的待遇十分优良，每到达一个寨堡，就享受一回蒸鹅肥腊肉的款待。然而也同样是因为是“清乡剿匪”这个任务，所以在路途中，难免也遇到了打冷枪，一路上竟然有三个人遭遇到了袭击，还没有开始“剿匪”就先牺牲了，大家自然嚷着报仇。于是当到达目的地榆树湾后，立即就传达出了这份沿途一直积压在心底的愤怒。第二天，各处团总到司令部拜见司令时，用绳子缚来四十三个老实乡下人，当夜由军法长过了一次堂，严刑逼供下，就有二十七人画了供，次日就被推到市外的田坪里砍了头，紧接着又杀了五人。

他们本来就是为着“剿匪”来的，既然是“剿匪”，那就必然也必须要杀人，自开了杀例之后，沈从文他们每天所做的都是抓人，然后过堂，严刑拷打一番后“匪类”终于都认了罪。而认罪之后的结果又分了两类，一类是能够保释的，承认缴纳清乡子弹若干排，或某种大枪一支，或者将这些物资折合成现钱，枪每支折合一百八十元，子弹每排一元五角，物资或者现钱一送到，就立马开释；另一类则是要拉出去砍头的，交不出保释的款目，或者有仇家乡绅方面花了钱在其中运作，那么这一类人就没有活路，随便列上一款罪案，坐实之后就砍了头。这样既能够达到“剿匪”的目的，又能够捞一笔钱，所以司令部一直十分倡导这种做法。

有了这一层鼓励和拿钱办事的规矩，各处乡绅团便总将自己的仇人对头抓进去，而同时，又抓了这些乡绅团总达到“吊肥羊”的目的，每来这样一回，便能够盈利许多。后来司令部又花了钱雇用本地人当侦探，侦察谁是“土匪”派来的探子，一旦指定，就马马虎虎的审讯一番，而后就拖到来往人群较多的桥头正法。

沈从文所在的第一支队，一共在榆树湾驻扎了四个月，先后斩杀的却有近两千人。

两千来人，不过是两千颗头颅，两千次挥刀，以及两千次看杀人而已。

这个时候的沈从文，对人命还没有那样深刻的理解和感悟，小时候他的父亲给他讲了太多的将军杀人的故事，他自小就不怕那些，后来他自己也在辛亥革命中，看着那些杀人的场景，对于杀人，沈从文更多的是一种字面上的理解，不过是被杀的人被砍下头颅而已。这是一件带着些奇趣的很平常的事情，这大概是那段少年时代的最懵懂的想法吧。

四个月后，在认为榆树湾的“匪”终于剿杀得差不多之后，第一支队移防到了怀化镇。

怀化镇距离榆树湾不远，是一个百十户左右的小镇，惟一较大的建筑是一所杨姓祠堂，所以这支军队一来到就占据了这个祠堂。这一住便是一年零四个月。沈从文对这个地方的记忆比榆树湾要多得多，因为在这个地方，他成为了上士司书——因为需要一些识字的人去填造枪械表，而沈从文又刚好能够写一些字，所以在领饷清册上，沈从文便给挂上了一个上士司书的职位。

沈从文到这里最开始在意的依旧是那热闹的民众生活。街上有趣的那些铺子陈列着琳琅满目的商品，还有烟馆门前那位擦着脂粉、描着细长的柳眉的风韵犹存的妇人，遇到兵士和伙夫时故作的镇静、以及遇到军官或长衫男人时的娇媚。这一切，给了年少的沈从文极其深刻的印象。

在怀化，除了去看一看这些人情世风，便只剩下“剿匪”杀人和看杀人这两件事可以做了。那些兵士们把杀人做为茶余酒后谈笑的主题，如果遇上哪个被杀的人在死前死后有一两处出众的地方，那么这个出众的地方便会在很长一段时间内成为大家的谈资。

沈从文在这一次“清乡剿匪”的任务中见了很多事：犯了事的伙夫被按在大堂廊下脱了裤子打板子；白日里，街市尽头经常可以看到兵士中间一个十二三岁的小孩子挑了两个人头，这人头便常常是这小孩子的父亲或叔伯；几个兵有时候押解一两个双手反缚的人，有时候押解一担衣箱或者一匹耕牛往总部去……

晚上是过堂的时间，因为沈从文做了司书这一职位，所以审问拷打“人犯”的时候，需要坐在一旁录供，他常常看到军法处的人用木棒打犯人脚下的螺丝骨，将骨髓敲出来；又用香火熏鼻子、烧胸肋；又用铁棍上地绷，“啵”的一声把脚扳断……那些“人犯”在严刑逼供下招供的胡言乱语通通被他记录在一角公文纸上，然后那些兵士便把“人犯”的手掌涂了墨在公文末尾空白处按个手印，这便是画押认罪了，往往第二天上午，这些已经认罪的“罪人”就被拖出去砍掉了。沈从文需要做的，就是把那些画了押的罪状整理好，再交给军法官存案。

沈从文在这处虽然是做司书的文职，但因为这个差事实在清闲，便有了许多多余的时间供自己驱使。所以一到有空的时候，沈从文便要出门去晃悠。有时候是和司令部那些高官人物出村，一起去山脚下的乡绅家里好吃好喝一顿；有时候是和修械处的小工人上山采药摘花，找寻山果；有时候大家一起用篠竹做成短箫，故意吹奏出新婚嫁女的唢呐声，引起几番看戏的轰动，然后被人发现是他们在作怪后，那些人就一边骂一边笑然后也跟着学；有时候去小溪里去抓鱼，去山上设陷阱捕捉野狸和黄鼠狼……

沈从文还发现了一处熔铁工厂，并且时常往那边跑，每次总是一过去就替他们拉风箱，听风箱拉动时发出的动人的声响，看高巍巍的炉口喷起的一股碧焰，这些新奇的事物，总使他的耳目感到十分的愉快。而沈从文在这里最高兴的事情，是看工厂那个麻子主任高高地坐在一堆铁条上面，一面唱《孟姜女哭长城》，一面调度指挥三个小孩子的工作。

但在这样一个小镇上，可供玩耍的地方毕竟只有那么几处，于是沈从文便开始发挥一个厨子的天赋——烹狗肉。每五天一场，沈从文总要烹制一回狗肉，有时候是上边人交代的，有时候则是他自己瞒着大家偷偷上街去买的狗肉，又偷偷地烹制好，等到开饭的时候故意放出这个惊喜来，光是看着大家眼中那股光亮，沈从文便觉得足够了。有时候也会遇上怀念狗肉味道的文武幕僚打趣说："小师爷又要请客吗？"这个时候沈从文往往也会遂了他们的心愿，给大家做上一锅香喷喷的狗肉。请客做东这件事，从这个时候起就是沈从文的爱好，他常常喜欢做这类有趣的傻事，这个习惯一直到很多年以后也没有变过。在这个无聊的小镇中，沈从文对于做厨子办菜的兴味，比写公函做司书的兴趣显然要浓厚得多。

第 3 节　两个最先开启他文识的人

在怀化镇，沈从文一共待了一年多，在这一年之中，沈从文由一个副兵被擢升为司书，而后才慢慢地在高层人物中间晃荡。在此之前，当他还是一个小小副兵的时候，因为军队里官兵军阶的不平等，沈从文一直很受欺负，见了面敬礼受气必不可少，违犯军纪的时候轻则罚站，重则不由分说就按倒打一顿板子。不过在他面对欺负的时候，一直有个人照顾着他，给予他奋发向上的勇气，这个人便是他的堂兄沈万林。

到怀化后，沈从文便同这位堂兄住在了一起，他的衣食住寝等一系列的琐事都是沈万林帮忙打理照顾。这个时候沈万林在军中已经有了武官的军衔，做了兵弁的头目，属少尉级。沈从文对于他的那少尉级军服十分羡慕，也曾经有过许多幻想：穿上这套黄色军服上街，虽仍免不了敬礼，至少也可以用获得的尊敬将受到的屈辱拉平。

后来沈从文写过一篇名为《堂兄》的文章，讲诉了这段他记忆中温暖的时光以及那个给予他无私的照顾和鼓励的兄长。

每日凌晨五点是军中吹号的时候，这个时候所有人都要起来点名，沈从文常常是在沈万林轻轻的呼喊声和摇晃中醒过来。沈万林比沈从文大了七岁，在老家的时候，两个人是住在同一个院子的，沈万林也如同所有沈家人一样，对这个兄弟寄予了厚望。在沈从文对他的那身衣服和军衔十分向往的时候，沈万林一直一本正经地跟弟弟说着他的期望：“你应当做到副官长或更像样点的官，一个弁目，只是没读过书当差事能勤的人做的事。”

尽管沈从文觉得这话有些夸大，让他觉得有些好笑，但内心里，这个将军的后人却又怀着同样的期望。早在技术班的时候，在那个守城的老兵叫着他“排长”“总爷”这类称呼的时候，他就想着自己将来自己是要做将军的，这个时候也不例外，这个士兵的内心最深处依旧怀着一个做将军的梦想——司令部中的那个最高的位置，他将来是要取而代之的。

沈从文在怀化的时候是没有什么军务的，每天除了上午五点半至七点二十分、下午两点半至四点二十分的两次兵式操以外，并没有什么勤务，这导致了他有很多空暇的时间，而这些时间便被他用作了学写楷书。沈万林因为临过一些字帖，所以每次见沈从文开始练习的时候就在一旁指导。沈从文不仅从这位堂兄那里知晓了许多书法家的名字，也从堂兄那里获取了一份勇气和自信，因为堂兄总是鼓励他说：“懋弟弟发狠写字，将来会成名家的，不但是卖钱，还有……”有了这番鼓励和期望，沈从文对于练字一道更加热心，也更加努力。也正是因为如此，一年后，沈从文升为了部队中秘书处的录事。

因为军队刚驻扎在怀化镇的时候，缺了几个填造枪械表的人，所以恰恰识字的沈从文才被从副兵拉去做了司书，搬到了司令部去住。书记官对只有小学毕业文凭的沈从文，是十分瞧不起的，所以总挑剔他的工作，沈从文自然非常气愤，没几天就受不了，便和堂兄抱怨，每次沈万林都是开导安慰，让他发愤写字学公文。沈从文听了堂兄的话，努力地写字。别人在烤火时，他写字；别人在谈笑时，他还在写；别人在另一张办公桌上打扑克，三个A同一个小顺在反来反去，铜元跌落到地板上，书记官勾着腰肩去捡拾，秘书输了，口上骂出各种新鲜的野话，然而沈从文却依旧还是在写字；等到大家都玩累了，休息了，鼾声大作了，沈从文还在一盏煤油灯的光晕下伏在桌上抄写着月报……这样坚持不懈的努力，终于改变了那位书记官对他的看法。

这一切的努力和辛苦，沈万林自然看在眼中，尽管当日在沈从文向他抱怨的时候，是他劝其隐忍，但心中终究为着弟弟受了委屈和不平等的待遇而不忿，只是不叫沈从文看出来而已，他总是与沈从文说："弟弟自己要努力——"后面的话并不接着说下去，但沈从文却已经能够猜到，无非是："免被别人欺凌！"

对于堂兄，沈从文的心中怀着一种如父般的敬重，与对他亲大哥沈岳霖不同。沈岳霖对他而言，固然承担了管教的职责，但他那时候还是一个小孩，对那个压制自己亲近一切有趣的事物还会对自己棍棒相加的哥哥，沈从文的心头虽然也怀着一份敬畏，但终究是与沈万林对他的这种，在温情中教他为人处世的方法以及给予他最初的鼓励和期盼的这份情分是不一样的。正是沈万林的陪伴和教导，让沈从文的心里开始滋生出一种最初的信念——在任何磨难与他人给予的痛苦中都不能屈服，唯有坚定自己，自己努力，才是最好的战胜磨难和痛苦的方式。

然而不幸的是，这位堂兄仅仅陪伴了沈从文短暂的一年左右的岁月。

那是民国九年五月间，沈万林得到一件差事——押送六百块军饷，正好路过家乡，于是打算回家去看看。那日沈万林极其高兴，说他用补发的欠薪，给母亲买了一只金戒指，又给妻子打了一副金耳环。沈从文想着要回家，就将自己不能再穿的衣物，以及每日临摹《云麾碑》积下的四十多张大字一并托给堂兄带回去。第二天早上，沈从文在睡梦朦胧中听见堂兄与他道别的声音，以及堂兄让他不必起身，再继续多睡一会儿的声音。他没想到，这竟然会成为他们之间的最后一次对话。

沈万林走后第四个晚上，沈从文正伏在秘书处的桌子上抄写一份公函，译电处的译员正和一个姓文的秘书下棋，这本该是一个宁静的夜晚，然而就是在这个时候，一个传事兵送来的一份电报打破了这份平静。那电报上写的是：

沅陵，司令鉴：五日来差……万林等行至马鞍山为匪杀毙。二人死，一重伤。匪即其同伴陈士英兄弟，已请防军缉，特闻波叩。

沈从文听闻这个消息，头脑一空，然后伏到桌上痛哭出声。后来几日，他从最后来报消息的人的口中知晓堂兄死时身上到处都是伤口，知晓家里众人听闻堂兄身死的消息时，是如何的悲痛；他的母亲和妻子，捧着他送与的金戒指和金耳环的时候，是如何昏死过去；听闻母亲黄英烧掉了自己托堂兄带回去的那四十多张大字，只为了不叫伯妈看了伤心……

那些记忆中，堂兄唤他起床的声音，教他写字的耐心，以及在他受了委屈的时候的温言安慰和那些对他怀着的浓浓的期望，自此以后，只能长留在他的记忆和梦中了。

在这个阶段，沈从文除了受到他堂兄的影响外，还有一人对他的影响也十分巨大。那是从外地来做司令部秘书官的文秘书。这位文秘书十分清瘦，白脸白手，一到军部来就穿了身青缎马褂各处去拜会，他对任何人都是客客气气、轻言细语的，听见其他人大声说着野话的时候，他也就只是微微笑着。因为同属秘书部，沈从文与文秘书就比其他人熟了点儿，后来沈从文再当着文秘书的面自称“老子”的时候，文秘书也就不再是微笑着任他说了，总是带了些劝谏般的口吻摇着头说："莫玩这个，你聪明，你应当学好的。世界上有多少好事情可学！"

沈从文对他这话中的"好事情"起了兴趣，谈到后来，这一大一小竟然成了好朋友，两个人开始互相交换知识。沈从文和文秘书分享这些年所看的那本自然人事的大书，告诉他野猪脚迹同山羊脚迹的分别、一个被杀的头如何沉重、那些开膛取胆的手续、应当如何把刀在腹部斜勒、如何从背后踢那么一脚……然后文秘书和他分享火车呼啸的声音、轮船驶过的声音，电灯、电话的样子，美国兵、英国兵穿的衣服，以及鱼雷艇是什么、氢气球是什么……

一个是从自然这本大书中获得的知识，一个是从新式教育的洗礼中所学会的新东西，两个人都觉得彼此所拥有的东西十分新奇，却又各自不明白着。因为军中那位杨司令不识字，所以即便有一些像是有知识的高级将校，一些做过一两任知事的人，以及一些到日本留过学的人，但大家都少有谈论学问的时候，大多数时候是陪司令官打打牌，喝喝酒，说说故事或者烧烧鸦片烟。沈从文根本就找不到学习的机会，现如今有了这样一个人同他作交换，他顿时便开心起来，哪怕是不明白文秘书说的到底是什么稀奇的东西，但这并不妨碍两个人的交换，也不妨碍他们的友谊。

沈从文一直觉得在这场双方知识的交换中，自己给予文秘书的要比从文秘书那处获得的少得多，而他逐渐对文秘的东西感兴趣，是从一本《辞源》开始的。在那本《辞源》中，记载着许多稀奇古怪的东西，对于沈从文这样一个喜欢新鲜事物的人来说，这本书无疑是一件宝贝。文秘书自然也看出了他的爱不释手，在他的心中，这个少年是聪明的，也是好学的，所以他开始引导着少年往新事物上靠，让他的思想往新思想上靠。他开始和少年谈论报纸，沈从文学会了读报，并且从报纸上学会了许多事情。他开始从所有玩耍的时间中抽出一部分，去和文秘书谈话，去翻他的那本《辞源》，去知晓氢气是什么，淮南子是什么，参议院是什么……

沈从文他们这个支队之所以驻扎到怀化，除了因为沅陵兵力太多，地方无法负担，需要将兵力分驻开外，“清乡剿匪”不过是个名头而已，实际上是方便军队“就食”。当时靖国联军中以第一军和第二军的兵力最为充足，但第一军的统帅田应诏率兵不力，又以权谋私，所以第二军的实力便显得要强悍许多，所以才能够打着“清乡剿匪”的名头占据这片肥沃的土地。但是当第二军在怀化驻扎了一年多之后，湘西联合政府的内部却发生了重要变化。田应诏第一军的队伍节制权转给了他原先的团长陈渠珍，陈渠珍学识渊博，聪明能干，又有一些新思想和新手段，接手第一军的统帅权之后，立即整改，使第一军的实力得到了大大的提升。而这个时候的第二军，却因为内部人员不团结，且张学济既是第二军的司令，又是民政长，在军事和财政这两方面的支配上处于了困境之中，加上第一支队在“清乡剿匪”中除了杀人和赚钱外，并没有其他的功绩，军誉败坏。所以在这样的对比之下，第一、二军的力量瞬间就显出了差异，于是防地就发生了变化。

1919 年底，第一军总司令陈渠珍率部直逼怀化，意在夺取芷江一带的防地，第二军无力抵抗，不得不朝沅陵方向撤退。

这一次撤退与来时不同，显得十分慌乱和狼狈，行军匆忙，从怀化到沅陵，仅仅用了五天的时间。因为防地被夺，为了军队的生存，第二军只好用援川的名义，开到川东去驻扎了。

这个时候的沈从文才十六岁，在一众军人里显得有些幼小了些，于是就被命令和一个老年副官长、一个跛脚副官、一个吃大烟的书记官以及二十名老弱兵士留在了后方的留守部办后勤杂事，其余人就奔赴川东去了。军队离开后，沈从文每天需要做的事情就更少了，几乎是每三天才会有一份需要誊写的报告，而后就是月底的时候，呈报上一份留守处领饷清册。因为无事可做，沈从文只能开始过回从前那样的游街的生活：去汤圆铺子坐上一会，去一军学兵营看学兵下操，去帮副官长钓蛤蟆熏干了下酒……

倘若沈从文没有在怀化待过，没有遇到堂兄沈万林，没有遇到文秘书，或许他在这样的环境中会过得尤其欢快，因为这原本就是他所喜欢的。但是，沈从文偏偏去了怀化一趟，也偏偏遇到了那两个开启了他世界中的另一扇门的人，于是，沈从文做不回从前的沈从文了，他开始学会用另外一种眼光去看待这个世界，开始学会思考，也开始感受到寂寞，甚至是孤独。

一个人会感觉到寂寞，往往是因为没有人作伴的缘故，这是身体上的；而一个人会感觉到孤独，那么多半是因为他的思想发生了变化，即便他所处的环境并没有什么不同，围绕在他身边的人也并没有减少，但是因为自己变得不一样了，所以便觉得这世上的一切都似乎与自己脱了节。

在留守沅陵的日子里，沈从文开始喜欢上了那个河滩，不管涨不涨水，他每天总要去河滩散步，看那些不相同的船只。

“我尤其欢看那些从辰溪一带载运货物下来的高腹昂头广舶子，一来总斜斜的孤独的搁在河滩黄泥里，小水手从那上面搬取南瓜，茄子，成束的生麻，黑色放光的圆瓮。那船在暗褐色的尾梢上，常常晾得有朱红裤褂，背景是黄色或浅碧色一派清波，一切皆那么和谐，那么愁人。”

这些他从前认为美丽的使他感到愉快的东西，如今却开始让他体味到了几分“美丽”的愁人之处。而这种愁，从河面上的船只一点一点地蔓延开，浸入到他所有的生活中。

繁花落尽，连空气中都似乎带着一股沉寂的气息，日头下只留下一个扁扁的影子和沈从文作伴。他开始想起文秘书的那本《辞源》，想起他们合资订的那份《申报》，还想起《秋水轩尺牍》。他的心中开始生出“哪怕是不认识他的人也可以给他一分应有的尊敬”这样的想法。就是在这种奇怪的想法隐隐约约的刺激下，沈从文开始发愤地去写小楷字，并且通常一写便是半天。

沈从文自 1919 年底回到沅陵，不知不觉间竟然度过了一季春夏。到秋天来临的时候，川东鄂西那边传回来不好的消息，前往四川驻扎的第二军遇到了当地军队的拼杀，并且接连败退。而后又有消息说第二军将要退回湖南，但是当第三次消息传来的时候，却得到一个第二军全军覆没的消息。仅仅是一个早上，第二军的一众高官竟然全部被杀。这件事来得太过突然，完全不能令人相信，为此留守沅陵的老副官长还亲自跑到二军留守部去问信，这个坏消息终于还是被证实了是真实的。

第二军军队都被打散，只余下零星的散兵，第二军的留守处自然也没有什么用处了，于是留守处的剩余兵士们全部被遣散。1920 年 9 月，在第二军覆灭的五天后，沈从文领了遣散费和随身护照，回到了凤凰老家。

这一段从军行的经历，从 1917 年 7 月开始，到 1920 年 9 月结束，近三年的时光，沈从文在后来回忆起这段时光的时候，只总结出了四个字：一事无成。这其实是一个时代、一个地域带来的必然的结果——他处在一个“理性的荒芜”的世界中。在这个世界中，生命不过是那样普通的存在，或生或死，都不过是仿佛由着别人和运气去决定的，这种愚昧，存在于每一个人的头脑之中，不论是杀人的还是被杀的，他们从来不曾真正的明白过这是为什么。这个时候的沈从文也全然不明白，他只晓得，这是“照例”，这是“合理”，而这“照例”和“合理”的标准又在什么地方呢？

沈从文在离开家乡和亲人，刚开始独自一个人去体会这个世界的时候，很不幸地置身于这样一个昏暗的、闭塞的、荒芜的世界中，到了很多年后，他才明白他原以为的“照例”和“合理”的存在，是多么的不合理。

对于沈从文来说，尽管他对自己这三年的生活给出了一个“一事无成”的评价，但有一样，对他今后的整个人生来说，却是如影随形的，那便是沈从文的这个名字。

沈从文原先叫做沈岳焕，在驻扎怀化的时候，因为被升为司书，所以要从副兵连搬到秘书处去住。到司令部去报道的时候，正巧遇上军法长、秘书长和副官长陪着司令官搓麻将。见沈从文怯怯地从门口挤进来，军法长肖选青便问他叫什么名字。沈从文回以“沈岳焕”三个字。

“哈，岳焕，岳焕。‘焕乎，其有文章！’”

肖选青摇晃着脑袋，拖着私塾先生读古文时的那种腔调，给沈从文的名字做了最后的评定，“我看，你就叫从文吧。”

于是从此以后，沈岳焕就变成了沈从文。

第 4 节　女难：离奇的命运

第二军全军覆没，留守处撤销，沈从文被遣散回家，不知不觉竟然已经有半年光景。在这半年中，沈从文亲眼看到家中的景况和三年前离开的时候相比艰难了许多。父亲沈宗嗣依旧没有回家，大哥沈岳霖北上寻父也还没有回来，母亲黄英几乎是每天都被惨淡的愁云笼罩着。家中的田产都已经典尽，没有了外来的收入，母亲黄英还要抚养小妹，这对于这个已经没有积蓄的家庭来说，无疑是一件十分困难的事情，所以黄英已经做了把家中的房子卖出去的打算。

这个担负着重担的家庭在艰难中匍匐着生存，尽管出门的这三年，沈从文并没有出人头地，不能对母亲和妹妹有所扶持，但也终究因为年岁添了三年，而知晓了一些事理。他再不是从前那个想着逃学的沈家四少爷，也不能不顾母亲和妹妹的生活再闲在家中。然而随着这一份“长大”同时而来的，还有属于正在长大的青年人的毛病，譬如焦躁。沈从文一面想着自己一定得要想法子出去找点儿事情做，为自己为家人去谋求生存；另一面，他却没有仔细想好自己可以做什么，就匆匆忙忙地离开了家，去了芷江，那里有一些亲戚，可以得到几分照看。

沈从文花了四天的时间，终于到达芷江，住进了已卸任县长职责的五舅家中。这个舅舅很快就被重新启用，成为了警察所的所长，沈从文自然也得到了一份差事，做了警察所的一个办事员，同司书的职务很相近，都是掌管文事，每天抄写违罚的条子以及每天傍晚时分到牢里巡视点名。不久之后，警察所从地方财产保管处接收了本地的屠宰税事务，沈从文每天就多了一份填写税单、派人查验税务的职务。

沈从文在这个小办事员的职位上待得还不错，因为那处的绅士大都请警察所长喝过酒，又知道所长是沈从文的舅父，所以在芷江，无论沈从文走到什么地方，总有人向他打招呼，给予他一份十分不错的款待。

在芷江，除了这个舅父以外，沈从文还有一个亲戚，是他的七姨夫——熊捷三，他是曾担任民国政府总理的熊希龄的七弟，他本人也曾做过第一届国会议员，辞职归来后又替熊希龄照管着芷江青云街的熊公馆，身价地位在芷江是绝对的头号人物、绅士领袖，并且这个有钱有势的姨夫还受到了军政方面的尊敬，没有哪方敢稍稍得罪他。

而刚好，这位姨夫对沈从文十分青睐，这给了沈从文一个知晓更多并更多地与知识和书本亲近的契机。

因为五舅和这位七姨夫都喜好文雅，所以两个人成天聚在一起作诗成句，而每次去熊公馆，舅父也会带上沈从文。他立在一旁，虽然不会作诗，却学会了看，然后替他们抄诗，这份工作让沈从文觉得很有兴致。又因为盼望所抄的诗被人嘉奖，所以沈从文更加努力地练习写小楷字。尽管沈从文接下了这份抄诗的工作，但依旧有很多空闲的时间，而这些空闲的时间，第一次完完全全地被沈从文用到了看书上。在两个月的时间里，熊捷三家的《说部丛书》《冰雪因缘》《滑稽外史》以及《贼史》一直充当着沈从文最好的朋友。

这些书，与旁的尽说道理的书不同，这些书只记下一些生活现象，然后把道理包含在那些现象中，这种理解方式和沈从文的思想几乎达到了同步，他从小就是这样一个倾心于通过现象去感悟道理的人，就像他丢开学堂里的那本讲道理的小书，而钟情于街边的店铺，店铺中的人，以及人的动作一样，他从这些生活的现象中去感知一种人事，去学习一些东西。按照他自己的话说，也即是：“我就是个不想明白道理却永远为现象所倾心的人。我看一切，却并不把那个社会价值掺加进去，来估定我的爱憎。我不愿问价钱上的多少来为百物作一个好坏批评，却愿意考查它在我观觉上使我愉快不愉快的分量。我永远不厌倦的是看一切宇宙万汇，在运动中、在静止中、在我印象里，我都能抓定它的最美丽与最调和的风度，但我的爱好显然却不能同一般目的相合。我不明白一切同人类生活相联结时的美恶，另外一句话说来，就是我不大能领会伦理的美。接近人生时，我永远是个艺术家的感情，却绝不是所谓道德君子的感情。”

就在沈从文在芷江的这段时间，家中的房屋最终还是在艰难的现实生活的压迫下出售出去了，从绅士向落魄之家的转变，甚至到必须以卖屋来维持生活，这一点让荣华了前半辈子的黄英实在不好意思再留在凤凰，刚好听说沈从文在芷江已经有些出息了，黄英似乎终于在他的身上看到了一丝希望，所以带着小妹到芷江，在青云街熊公馆的附近租赁了一套住所，沈从文便同母亲和妹妹住到了一起。

那个时候，家中只得沈从文这样一个男孩子，他又过了十七岁的年纪，所以黄英便将出售房屋剩下的三千块银元全部交由儿子经管。芷江人只知道沈家是湘西有名的世家，与地方头号人物又是亲戚，并且还有钱存到钱庄里，而沈从文在外人的眼中也是懂事明理、有作有为的形象，对于那时候的人来说，有地位又有钱，简直是绝佳的择婿对象。所以芷江几个有钱有地位的绅士，都思量着让沈从文做他们家的女婿，熊捷三也同样打着亲上加亲的心思，认为沈从文最好是做他们家的女婿，并且多次暗示沈从文，看到儿子如此被重视，黄英恍然间以为，沈家从前的荣华又要有些许回归了，这就是那个转机。

然而，一段小插曲的错愕植入，打碎了黄英编织的美梦。

假使没有那个生命中的插曲，沈从文的生活断然不会是现在大部分人所知晓的那样，他会成为一个地方的小绅士，然后在一段时间里成为当地所知晓的人物，但决计不会成为一个被载入史册百世流芳的文学大师。

“假若命运不给我一些折磨，允许我那么把岁月送走，我想像这时节我应当在那地方做了一个小绅士，我的太太一定是个有财产商人的女儿，我一定做了两任县知事，还一定做了四个以上孩子的父亲，而且必然还学会了吸鸦片烟。”

这是沈从文后来回忆起这件事的时候对那段他没有实现的生活所做下的料想，但是生命的奇特之处就在于，没有人知道在一个人的身上下一刻会发生些什么。就像沈从文不会预料到他竟然会爱上一个女子一样。

那个时候，沈从文的那位做警察所长的舅父因肺病去世，没了依仗的沈从文在考核职务的时候即刻被打上“疏忽”的考语，工作发生了变动，被派到新的地方做新机关的收税员。这份工作对于沈从文漫长的生命来说没什么新奇，唯一的奇异之处在于他在这里认识了一个男孩——马泽淮，他是芷江著名大户龙家的私生子。而认识马泽淮的后续在于认识了他的姐姐，一个高挑白净的女孩，就是这个女孩，将沈从文的生活完全弄乱了。

这是命运给予他的一次考验，也是命运给一个乡下人摊派的一份不公平的待遇。

当那些原本看中他的绅士知晓他似乎爱上了一个女孩的时候，纷纷向熊捷三表示出了想要沈从文做自家女婿的意愿，熊捷三自己原本也有这个打算。于是叫了沈从文和他的母亲黄英过去，当着母亲的面摆出了四个女孩子和四个家庭，无论他看上哪一个，都能够娶为妻子，这其中也含着他自己的女儿。如果当时沈从文随意从这四个女孩子里挑选一个，那么必然能够在芷江这地方站稳跟脚。只是当时的沈从文，尽管懂得这四个女孩子的家世体面，比他心中的那个要强上许多，但他到底以为爱情可以超越这些，以为自己爱上了那个高挑白净的女孩，同时也相信了马泽淮所说的那个女孩子正爱着他。所以在面对着那四个优良的选择的时候，沈从文给出了一个十分坚决的回复。

他说："那不成，我不做你的女婿，也不做店老板的女婿。我有计划，我得照我自己的计划去做。"

沈从文的计划是什么呢？他自己也不知道。

命运就是这般离奇，本已经决定了将他从那份艰苦的庸俗的生活中捞出去了，却突然又放开了抓住他的手，将他投入到另外一个变故当中去。

对于沈从文的回复，黄英并没有说什么，她只是尊重了儿子的决定，哪怕这个决定注定将给予他们的家庭一种已经处在预料之中的磨难。

那个时节，芷江起了战事，土匪围城，狼烟四起，城外每天都传来连天的喊杀声，炮火和枪弹的声音一直持续了四天，一直到援军赶到才停止。然而在这四天里，沈从文对于这件他从前十分关注的事情却没有表现出一丁点儿的兴趣，他满心满意都扑在了写诗上，没日没夜地在纸上写下一首首旧诗，然后让马泽淮捎带给那个传说中十分倾慕于他的女孩儿，因为马泽淮说他的姐姐最欢喜看他的诗。沈从文单纯地以为过不了多久，这个女孩就会变成他的妻子，然而事实却给了他当头一棒，让他终于看清了现实。

在沈从文以为自己正在和女孩儿鸿雁传书的时候，马泽淮开始向沈从文借钱。这个似乎十分讲信用的未来小舅子总是今天借了钱，明天就还钱；后天借了钱，大后天也必然会还回来。最开始是从小数目开借，然而因为有了信誉，借的钱也越来越多，在经过无数次借还之后，马泽淮终于成功地从沈从文那处借走了一千块钱。再然后，当沈从文发现这件事的时候，却再也找不见马泽淮的踪迹了。

这个人仿佛就像消失了似的，带着家里卖屋由他经管的钱财中的一千块钱，带着那份沈从文自以为的可以超越四个好的家世和背景的爱情，带着一个“乡下人”的天真，消失了。

这件事带给沈从文极深的打击，不仅失去了一段他自以为的爱情和一笔巨大数目的钱财，更是失去了做事的心情，他的思想中，本能地生出了一种逃离的想法，除此之外，他没有更好的不失体面的解救办法了。

所以沈从文逃走了。

这个在战场上没有当逃兵的人，在愧疚和脸面上退缩了，同他的那位因为竞选没有成功而离家出走的父亲一样，当了逃兵。

做了出走的决定，沈从文非但没有觉得心头那块沉重的压得他难以喘息的石头落了下来，反而满心都是酸楚，他感到自责，感到对不起母亲，因为他的无知和过错，因为他的逃离，却要母亲来承担这一切的后果。同时，他的心中也有一些委屈，对于自己的委屈和不理解，这样的结果分明不是他愿意的，他也努力地想要有出息，但是最终的结果却偏偏和自己期盼的截然相反，这应该归罪于自己吗？如果不归罪于自己，又该归罪于谁呢？沈从文想不通。

他唯一能做的就只剩下逃避了，逃避那些结果，逃避那些想不通。于是他给母亲写了一封信，信上说：“……我做了错事，对不起家里，再也无脸见人。我走了，这一去永远也不会回来了……”

第 5 节　第二次从军

大抵所有人在一个地方干了蠢事之后，都想要去往另外一个不被人认识的地方，以便假装抹去从前犯过的蠢，重新开始。

沈从文离开芷江后，沿着下游而去，他本来是想要去北京的，但到了常德后，却遇见了大舅的儿子——表哥黄玉书。因为黄玉书的挽留，沈从文便和他在常德住下。又因为两个人都没有什么事情可做，所以只能像从前在军中的时候一样。一条河街占去了沈从文大部分的时间和生活，每天都游荡在河街上，流连那些在眼前发生的新事物，沈从文在这样的日子中，仿佛暂时地挣脱开了心中的那份愁绪，重新拾得了生命的意义。

他开始给母亲写信，充满了忏悔与自责，请求母亲的原谅。黄英原本担心他受不住打击会做下自杀这样的傻事，见到书信也终于放了心，于是回信说："已经做过了的错事，没有不可原谅的道理。你自己好好地做事，我们就放心了。"沈从文得到母亲表示原谅的书信的时候，悄悄到城墙上去哭了一回，他能够想到母亲在写这回信的时候，是怎样的悲伤。

那个时候，沈从文还听闻了一个消息，那位他从前以为会成为自己妻子的马泽淮的姐姐，那个高挑白净的女孩，因为去下游读书，在船上不幸被土匪抢入山中去做了押寨夫人。沈从文得到这个消息后，便在那小客店的墙壁上，写下两句唐人传奇小说上的诗："佳人已属沙叱利，义士今无古押衙。”借此抒发一番自己的感慨。

沈从文在常德逗留了一段时日，除了表哥的挽留外，还因为在常德上游的桃源县，有一个清乡指挥部，是靖国联军第一军的一支部队。沈从文想要通过同乡的高级官佐的介绍，去谋求一份差事。然而尽管有熟人在其中，差事却没有着落，而他所住的那处小旅馆，四个月住宿下来，已经欠下了一笔数目不小的债务，老板娘总是拐着弯地催账，沈从文也只能装作听不懂的样子。好在他的运气不赖，遇到一位押运军服的旧识，和小旅馆做了交涉，答应待沈从文以后有了钱之后再还账。沈从文这才得以脱身。

常德已经待不下去了，沈从文于是听从朋友的建议，去了第一军的本部，那里刚好有他的一位表弟，在军中做书记，沈从文就住到了表弟那里去。成日里到处跑着混吃喝，打发着日子。

这个时候军中的风气已经不似沈从文在第二军的时候了，因为陈渠珍的整顿，第一军中的每个人身上都散发着一股蓬勃的生气，统领官陈渠珍生活上虽十分拮据，每日仅粗茶淡饭，但却极有朝气，以身作则，以下每个人做事都尽心尽力：有肯读书的人，还常常拿了书到春天太阳下去读；预备将来考入军官学校的，每天大清早就到卫队营去附操……这一切的变化都让沈从文感到惊讶，同时也怀了一种期盼。他希望有谁能够替他说上一句话，好到那个令他敬佩的统领官身边去做一个护兵，即便是不能做这一个人的护兵，做别的官佐护兵也成。但是沈从文在这里的熟人虽多，却大多都是说不上的话的那种，沈从文常常从每个老朋友那里借一件装备，然后凑齐了便把自己打扮成一个受过教育懂得规矩的兵士的模样，由表弟领着去军法处、参谋处、秘书处，以及其他地方，拜会那些高级军官，然而尽管每个人都表示帮他想办法，但到最后终究谁也没有留用他。

沈从文后来思索了一番其中的缘由，不外乎是一来护兵都是由苗人和乡下人或者是亲属子侄担任，前者能做事，后者做事可靠；二来，沈宗嗣在当年的湘西一度十分知名，在军中也多有朋友，而那些他所拜会的高级军官们大多都是认识沈宗嗣的，所以不好意思让沈从文去给他们当差。沈从文的办法都想尽了也没能为自己谋上一份差事，也没有去见统领官陈渠珍的法子，就只能先自己待着。

沈从文一直在书记处住了半年，半年之中，他与那些原本不相识的书记们都熟透了，经常在大家忙不过来的时候帮忙，写点不重要的训令和告示。因为常常做这样的帮工，终于有一次沈从文正在写一件信札的时候，被一个参谋处姓熊的高级参谋见到了。而后就将他的名单开了上去，当天便让他做了一个月四块钱的司书。

这处的收入虽然比当年他在第二军的时候要少上许多，但是因为有了新风气，沈从文做起事情来就十分带劲儿。因为沈从文练过字的缘故，字写得比其他人好，也能指出抄写的文件上的错误处，还能够斟酌一下款式，所以他的薪资很快就被加到了六元。对于沈从文来说，这无疑是鼓励和一种优越性的满足，于是更加努力地写字，同时他产生了临帖的想法。于是沈从文开始节省下一切的开销，把微薄的薪水一点点地聚集下来，谨慎地藏到袜筒里或鞋底里，这般存了五个月，沈从文买了一份价值十七块钱的字帖。

“老弟，你的字真龙飞凤舞，这公文你不写谁也就写不了！”诸如此类的赞美的话语从主任的口中说出来，这让沈从文的内心极其满足，所以那些当别人已经熄灯上床了，他还常常在一盏煤油灯下，极其细心地用曹娥碑字体誊录一角公文或一份报告的辛苦，在他眼中看来，便已经是十分值得的。

“各种生活营养到我这个灵魂，使它触着任何一方面时皆若有一闪光焰。到后来我能在桌边一坐下来就是八个钟头，把我生活中所知道所想到的事情写出，不明白什么叫做疲倦，这份耐力与习惯，都出于我那做书记的命运。”

这离奇的命运曾经让沈从文从一个安逸的环境落入到一个糟糕的境地，如今却又让他在这个糟糕的境地中打开了另外一扇门，助他通往一条他从未想过的道路。

在做了一段时间的司书之后，沈从文就因工作能力比其他同事强而被调到了参谋处去。在这里的事情不是很多，又因为生活再一次的找到了倚靠和动力，沈从文心中的玩心不禁又升起来几分。遇到无事可做的时候，就同几个人出去玩。去的次数最多的地方自然是河边，毕竟他是那样地喜欢“水”这样事物。到了河边，也就看那些人来人往，码头停泊着的方头平底的渡船，每天总搭载着那些欢喜玩耍的人、马夫、差使等等渡过河去，然后又载回来不少从永顺来的商人，及由附近村子里来做小买卖的人。

那河极美丽，渡船也美丽。这是沈从文在那一刻的感受。

尽管收入微薄，职位也十分卑微，但生活却十分美好，沈从文用心地接近着那些能够感知到的生活的气息，而不必用一笔钱或者从一本书那里去体会。

十个月后，川军司令汤子模邀请陈渠珍的部队中的一支兵力去川东驻防，军队去到四川，需要一个文件收发员同行，参谋处的同乡满振先就问沈从文愿不愿意去，如果过去，每月可得九块钱，同时还答应如果他过去的话可以算作是调用，将来要回湘时就回来，全不费事。

沈从文当时就答应了。倒不是因为满振先提出的那些诱惑条件，那些对于沈从文来说其实并不重要，重要的是，他想要去看一看巫峡。沈从文曾经听两个徒步从宜昌沿江上重庆的朋友说起巫峡的有趣之处，于是一直想要过去一趟玩个尽兴。而这次过川东去，陈渠珍已经同川军司令汤子模约好，酉阳、龙潭、彭水、龚滩等地全由他们的部队接防，沈从文以为这是一个绝佳的去看那巫峡的时机。

在答应随军去四川的三天之后，沈从文就跟随着一行人上路了。他的职务是机要文件的收发，并不需要带什么东西，所以背了个小包袱就上路了。然而这个小包袱中，产业却极其丰富动人：除了一套冬日的衣物和日常用具外，还有一本值六块钱的《云麾碑》、一本值五块钱的《圣教序》、一本值两块钱的《兰亭序》、一本值五块钱的《虞世南夫子庙堂碑》、一部《李义山诗集》。这在当时，可以算得上是一笔很大数目的财产了，毕竟每一本字帖，都是沈从文一个月的工资。

他背着这份家当，从湖南边境的茶峒到贵州边境的松桃，又到四川边境的秀山，一共走了六天，直接跨过了湘、黔、川三省的接壤处。这一路走来，带给沈从文十分新鲜的体验，那些途中用木头编成的渡筏，从这一刻起，在他的记忆中一直保留了十年，然后化成《边城》里的那一抹透着纯和真的唯美。

第七天到龙潭的时候，军队虽仍旧向前方行进，但司令部终于在这里驻了防，在市中心一个庙里扎了营，办事处设在了戏楼。商会欢迎客军，为他们预备了一应物资，院中还搭好了一个大凉棚，既遮阳又通风，哪怕是夏天也不会太热。

各人的住处各用木板隔开，沈从文的职位虽不高且平常，但因为保管的文件都是机要，所以住处便被定在了戏楼最后一角，保证安全。

隔壁是司令官的十二个差弁，过去是参谋长同秘书长，然后是司令官和军法长。沈从文每日需要做的事情不多，只是当外来的文件递到时，按照惯例在簿籍上写着某年某月某日某时收到某处来文，以及来文的内容即可，发出去的文件也同样记录一笔，然后到晚上九点钟的时候呈送到参谋长房里去，转司令检察一次，画一个“阅”字退回来也就算完事。

沈从文在龙潭住了将近半年，但因为军队不能过涪州，所以一直没有找到机会去看他心心念念的巫峡。除了写点字以外，却似乎并没有什么长进，每天依然是吃喝和看杀人，沈从文开始对这样的生活感到了厌倦，他不再满足于这样的生活，所以当有一个转回湖南的机会的时候，他就领了护照搭坐小货船回到了保靖。

让沈从文没有想到的是，从川东回湘西后，他竟然被派到了那个治军有方、智足多谋的统领官——陈渠珍身边做书记。薪饷仍然是每月九元，但却住在山上高处一个单独的新房子里。那地方是本军的会议室，倘若有什么会议需要记录，而机要秘书又不在场的时候，便由沈从文去记录。

因为陈渠珍是个以王守仁、曾国藩自诩的军人，所以这个房子里的楠木橱柜中约有百来轴自宋及明清的旧画，与几十件铜器及古瓷，此外还有十来箱书籍，一大批碑帖，没过多久又放入了一部《四部丛刊》，此外陈渠珍每日还必要安排出一段等同于治事时间的治学时间，遇到需要取书或者抄录书中的某一段时，就让沈从文去替他做好。所以那些书籍便通通归了沈从文去管理，成天翻来翻去，竟然把那些旧书的大部分慢慢地给看懂了。无事可做的时候，沈从文就把那些旧画一轴一轴地取出，挂到壁间独自去鉴赏，翻开《西清古鉴》《薛氏彝器钟鼎款识》这一类的书，努力地从文字与形体上认识房中铜器的名称和价值。

对于沈从文来说，这一段生活，成为他生命中的一个转机，让他对历史的各个时期，有了一个从容地去接近、去认识的机会，而那些旧书，也为他今后在文学上的造诣铺下了积淀，让他仅仅一个小学毕业的“乡下人”得以站在中国文学的前端。正如他在自传中所说：“我从这方面，对于这个民族在一段长长的年份中，用一片颜色，一把线，一块青铜或一堆泥土，以及一组文字，加上自己生命做成的种种艺术，皆得了一个初步普遍的认识。由于这点初步知识，使一个以鉴赏人类生活与自然现象为生的乡下人，进而对于人类智慧光辉的领会，发生了极宽泛而深切的兴味。若说这是个人的幸运，这点幸运是不得不感谢那个统领官的。”

第 6 节　渐生的寂寞与转折

在陈渠珍身边做书记的这些时日，沈从文的思想又发生了一些悄然的改变，这种改变最开始来源于在怀化驻防的时候，堂兄和那位文秘书的刹那启发，但真正生根发芽却是在这个时候。

在这个特殊的环境里，用工作必须要的这样一种特殊的方式，沈从文以一个被动的角色开始接受中华民族文化的洗礼，耕耘着他的那一片理性的荒野，埋下历史、文学、艺术的中国传统根子，并且随着时间和文化的渗透，在这片荒野之中，缓慢地开出一朵花来。

这个时期，沈从文的性格发生了一些改变，他的精神和思想动荡得十分剧烈。他开始疏远那些从前一起玩耍的朋友，倒不是他本身想要疏远，而是在一定的程度上，他们的精神再也不能够交汇在一起，自然而然的，也没了像从前一样约着出去玩的时候了。沈从文开始随身携带着一本线装书，不论是到屋后高山去，还是到河边儿去，他喜欢上了躺在一片草场上看书去消耗那些时光，看得累了，又把目光移动去看天上飘动的白云、河水里流动着的青菜叶。因为有了知识和那层情感的积淀，沈从文再去接触自然时，也有了一样的感触，有了一些不安于现实的打算。这种不安于现状的打算，让沈从文在怀着希望的同时，感到了几分异常的寂寞：他需要几个朋友，几个能够听他陈述一份酝酿在他心中的十分混乱的感情。他想要一个人来启发与疏解他的这份混乱的感情，可是在他的熟人中，并没有这种人。

或许是冥冥中的注定，又或许是沈从文一贯的好运气，就在他感到万分苦恼和寂寞的时候，一个人走进了他的生命之中，给予了他那份情感上的解脱。那是沈从文的三姨父、陈渠珍从前的老师——聂仁德。

1893年，聂仁德与熊希龄进京会试，为同科贡士。后因丁忧，未能参加殿试。辛亥革命在凤凰成功那年，聂仁德成为湘西民选第一任民政长。而这一次，聂仁德路过保靖，是刚从湖北监利县县长的职位上卸任，到这边稍事休息的。这个晚清民初交替时候的一代乡土知识分子，又恰逢“中学为体，西学为用”之风正炽的时代，同晚清其他知识分子一样，聂仁德无论旧学、新学，都很有根底。

这个时候的聂仁德已经是一位五十多岁的老者，但枣红色的脸膛、浓眉长髯，以及一身长袍马褂却让他显出一派斯文的模样。他到达保靖后，立即被陈渠珍安排住到了风景宜人的狮子庵。自这位三姨父在保靖住下以后，沈从文几乎每天都要过一趟河，到狮子庵里去听这位学识渊博的老人谈宋元哲学，谈“大乘”、“因明”，谈“进化论”。这些分属中外东西不同来源的儒家理学、佛学、西方近代哲学，将沈从文带入一个虚静寥廓的思辨领域，展现出用来疏解自然、人生万事万物不同的因果链。

天生的好奇心驱使沈从文提出许多他不知道却又愿意知道的问题，聂仁德也不厌其烦地做出解答，他似乎从这种谈话中也获得了许多快活。这一老一少，在这亘古长存的石洞前，面对千年长泻的河流，进行着没完没了的谈话，一谈就是很长很长的时间。然而，这些解释自然、人生的不同学说，被用来和自己所经历的实际人生对照时，沈从文时而感到矛盾，时而又感觉模糊。最终留给他的，是一份需要他用一生精力去思辨，用自己生命去证实、去解答的作业。但在当时，这些时而清晰，时而矛盾和模糊的感觉，让他的心里升腾起更为宽泛的幻想，那种从前就在他心中扎了根的不安于现状的打算越发地强烈了，他希望找到一个突破口，好叫他脱离这个寂寞又充满了矛盾的现状。

“我总觉得有一个目的，一件事业，让我去做，这事情是合于我的个性，且合于我的生活的。但我不明白这究竟是什么事业，又不知用什么方法即可得来。”

因为沈从文心境和思想的变化，导致他在那段时间内丧失了许多老朋友，但同样的，也有四个人与他保持着更友好的友谊。

满振先、陆弢、田杰、郑子参——这四个人，一个读过《曾文正公全集》，只想做模范军人；一个一直是侠客的崇拜者；一个是他在预备兵技术班的同学，更是在技术班的时候就考取了一份正式兵发职务；一个是伊斯兰教教徒，和沈从文也是从小就在一起念书的人，后来到了参谋处，两个人更是被分配到了一处房间居住，感情十分要好。

因为都怀有志向，且受了新思想的冲击，使得这五个人能够体会彼此间那种细腻的感触，能够常有话说，也使得他们都怀有目前这一种太平凡、太平安的生活不是他们想要的生活的想法。他们渴望着一种冒险，渴望能够有自己做出选择的时候，哪怕这个选择的最后结果是不幸的，但也总不会埋怨命运。

因为派遣了一个部队到川东去驻防，本军又多了一个税收局卡，所以部队的给养比起从前要充足许多。而那个时候，各省自治的口号被打响，办学校、兴实业这类主题又多见于报纸，所以陈渠珍立即起草了一个湘西各县自治的计划，欲要试行湘西乡自治，于是几度召集了县长和乡绅开会议，不久就在保靖设立了一个师范讲习所、一个联合模范中学、一个中级女学、一个职业女学、一个模范林场，另外还组织兴办了六个小工厂。而保靖本地原本就有一个军官学校和一个学兵教练营，加上六千左右的军农队……这个寸土之地，整个面貌焕然一新，骤然间有了一派崭新的气象。

为了促进乡治的实现与实施，陈渠珍还特地设立了一个报馆作为发言阵地，需要一名校对，沈从文理所当然地被指派去负责了这个工作。在报馆工作的时候，沈从文认识了一个从长沙聘来的青年印刷工长，两人被分配到一个房间居住。

当时兴办的学校和工厂，教师和职工皆从长沙聘请而来，由于长沙受五四运动的影响比湘西地区要先一步，所以这个青年工长在这里，算得上是一个思想进步的人物，身边带着许多新的书刊杂志，而沈从文从军部会议室带来的多是一些古典诗集和字帖，两个人一新一旧，相处的时日过得久了，也打破了这个一新一旧的界限，变得熟络起来。有一天，沈从文见工长正在看的书封上印有一个赤着上身的人像，不免感到新奇，就问那工长这是什么书。那工长回答说是《改造》。沈从文又问那题名《超人》的书写的是什么。那工长仿佛吃了一惊，两眼睁得圆圆地说："一个天下闻名的女诗人你也不知道吗？"那个时候，沈从文只知道那些旧时的女诗人，譬如鱼玄机、薛涛之类，但新派的女诗人的名号却是闻所未闻的。沈从文摇着头，感到有些羞愧。

工长就翻开那本《超人》，将一篇与书名同题的小说指给沈从文看，是冰心的作品。随后又将一套《创造》推到沈从文面前。这两本书，开启了沈从文的新世界，他开始懂得了一种新的文体——白话文。也慢慢地懂得了白话文和文言文的区别：文言文用"也"字、"焉"字结句的地方，白话文用"呀"字和"啊"字；文言文叙一件事说得越少越好，白话文写一件事说得越多越好。他怀着这点体会与那位工长讨论，又知晓到了一种名为思想的东西。白话文最要紧处是看“思想”，若无思想，也不成文章。彼时，沈从文还弄不懂什么叫作“思想”，又不好意思再问，只好先记在那处，等自己慢慢体会。

在和工长相处的这段时间，沈从文知晓了许多新人物，他的崇拜对象开始由旧人物过渡到了新人物的身上，崇拜他们知道那么多稀奇的事物，也崇拜他们一动起手来就写了那么多，并且写得那么好。

“为了读这些新书，知识同权力相比，我愿意得到智慧，放下权力。我明白人活到社会里应该有许多事情可做，应当为现在的别人去设想，应当如何去思索生活。且应当如何去为大多数人牺牲，为自己一点点理想受苦，不能随便马虎过日子，不能委屈过日子了。”

沈从文的思想终于被这些新书本所占据，再次上升到了一个崭新的高度。在这种感情的支配下，沈从文的身体也做出了举动，他开始以自己微薄的力量向上海方面捐款兴学，在一次领到一个月的薪金后，就全部买了邮票，装进一个信封，上书“《上海国民日报·觉悟》编辑处转‘工读团’”，落款“隐名士兵”。将信悄悄寄出后，仿佛尽了一份自己能尽的社会责任，他感到一种说不出的愉快。

在五四运动爆发将近三年后，偏处一隅的沈从文最终受到了“五四”精神的洗礼，虽然有点姗姗来迟，却终于加入到对沈从文精神领地的开垦。中西文化、新旧社会、湘西与外界……这些被划分成两面的不同的东西在沈从文内心世界中发生着猛烈的撞击，最后，新思想获胜，沈从文的人生找到了一个新的方向，朝着时代的主潮皈依。

沈从文在报馆做了三个月的校对后，因军部缮写缺人，陈渠珍觉得这项工作比校对更重要一点，于是将沈从文重新调回。沈从文加入到忙碌的工作中，日夜都没个休息的时候，一个晚上甚至要抄写一百件命令。这个时节正值春夏之交，气候变化无常，最是容易引发人身体上的毛病，在经历了一段时日的辛苦工作后，沈从文到底还是病倒了。

这一病，就昏昏沉沉了七日，而后又在床上支撑了四十天。在他生病的期间，亏了那四位还依旧能够与他玩到一起的四位朋友的照顾。在沈从文终于逃脱了死神的魔掌、身体一天天好起来后，一个意想不到的灾难却降临到了这几位青年朋友中间——陆弢死了。

因为夏日已经到来，沈从文的病也好了，陆弢便拖着沈从文和其他三人去河边玩水。这个时节河里已经涨了水，河水淹平了长滩，水声失去了先前的响亮，发出沉闷的吼声。水性极好的陆弢就死在这河里，就因为和其他两个朋友赌气，要去展示一番自己那极佳的水性。

一个活泼泼的生命转眼就从沈从文的眼前消失，从这个世界消失。“命运”猛地掴了沈从文一个巴掌，他被击懵了，头脑里顿时一片空白。三天后，陆弢的尸体被发现，第四天，沈从文主持了这位年轻朋友的葬礼，将他埋葬在河边。

为什么陆弢会死？这个为人大胆直爽、遇事总是走在前头的人，这个一身抱负、对这个强者得意弱者受欺的世道充满怨愤，立志要铲除邪恶、替好人伸张正义的人，这个身体健壮结实、生命豪放得如同一只猛虎的人，为什么就这样死去了？就像那年，押送银元的堂兄被害一样，分明前一刻还在他的眼前，但是下一刻却是一生一死。

沈从文乱了方寸，他的心中陡然掀起轩然大波。这些年他所亲眼见过的杀戮，那些生死的瞬间，他从军这五年来的一点一滴，竟似乎是一场噩梦，打破了他对人生的美好的向往。那些美好的人事就在眼皮底下消逝，露出丑恶。那些有着权力的人物，借着手中的权力肆意杀人，然后又被更有权力的人杀害，生命就在这样一个圈子中轮回着，稀里糊涂地就走完了这人世间的一遭。沈从文突然间意识到，原来自己竟然生活在这样的一场噩梦中，他有些找不到自己的位置，有些不知道“我”在哪里？

在跟保靖置于同一片天空和同一个日头下的世界，不是他们这样的。那里的人，许多人，在新的社会里燃烧着一种名为“理想”和“希望”的东西，有许多人，进行着一场又一场意义深远的运动，将人们的思想洗涤。

赌一把吧！

这个想法在沈从文的心中最终坚定了下来。

“尽管向远处走去，向一个生疏的世界走去，把自己生命押上去，赌一注看看，看看我自己来支配一下自己，比让命运来处置我更合理一点呢？还是更糟糕一点？若好，一切有办法，一切今天不能解决明天可望解决，那我赢了；若不好，向一个陌生地方跑去，我终于有一时节肚子瘪瘪的倒在人家空房下的阴沟边，那我输了。”

二十岁左右的沈从文给这场赌博下了赌注，用自己的生命，去换一个明天，至于明天是好是坏，那不过是一场输赢罢了。

一旦做出了这样的决定，沈从文的心间豁然开朗。他对统领官陈渠珍说了自己的打算，因为陈渠珍在这之前因为害怕部下夺权，所以一直不鼓励部下读书，沈从文担心自己的打算不被同意。然而令沈从文没有想到的是，这一次陈渠珍却欣然同意了，不仅让沈从文领了三个月的薪水，还鼓励他说：“你到那儿去看看能进什么学校，一年两年可以毕业，这里给你寄钱来。情形不合，你想回来，这里仍然有你吃饭的地方。”

不得不说陈渠珍之所以能够改变自己一直以来的“民可使由之，

不可使知之”的愚民思想，都是因为新思想的传入，振兴地方须由人才开始，而人才的培养，则必须要放他们去一个更加宽广的地方去学习。

于是，沈从文拿着陈渠珍写的手谕，到军需处领了三个月的薪水——二十七块钱，背上他那些十分可观的财产，独自离开了保靖，坐船沿沅水而下，回去了沅陵。

这个时候，沈从文的父亲沈宗嗣已经被大哥沈岳霖从北方找了回来，经由沈岳霖介绍，到之前驻防龙潭的张指挥部做了军医。那支驻防的军队虽然还在川东，但指挥部却移防到了沅陵，而这个时候，沈从文的母亲和小妹皆在沅陵，于是一家人总算是在分别多年后重新聚到了一起。沈从文这一次回家，目的是为了在北上之前，再探望一次自己的父母。

这是他自父亲出事后第一次与他相见，却没想也是最后一次相见。这位一心想继承将军梦想的将军后裔，最终也只是在一个上校的虚衔上走完自己的生命。

在沅陵与家人相见的这几日，沈宗嗣向沈从文叙述了一段关于他身世的秘密，以及他的那位可怜嫡亲苗族祖母的故事：那位苗族夫人在为沈家生下两个儿子后，被远远地卖了出去，并且为了让孩子脱离苗族血统，不影响孩子参与文武科举考试，家里人竟然还特地在黄罗寨乡下的树林里修了一座假坟。

这些遥远的被时间埋葬的故事被剥开外衣，赤裸裸地展示在沈从文的面前，他的心里竟奇怪地没有一丝一毫的对新鲜事物的兴趣，有的只是如同那沅水中的流水一般，平静之中带着一点点的无情。他的心头还产生了一点戚戚哀哀，为那段带着淡淡的悲戚色的历史以及身处在这历史的夹缝中的无知的人们。凤凰城周围山头上的残墙断垣，都是属于对这片土地的荒芜的一种见证。

几天后，沈从文辞别父母，背起了一个小小包袱，迈出了沅陵、迈出了湘西，迈向了那个充满热血与理想的远方。

在他出生的二十年后，沈从文终于跨出了对于他一生具有决定性意义的一步。这一步跨出去，开始了他此后无法逆转的生命历程，同时意味着他即将摆脱生命的自在状态，从一般的“乡下人”中间脱蜕而出，汇入由“五四”开始的中国新文化、新文学的历史洪流。

第三章

从文——那些写在纸上的艰难初期

第 1 节 “乡下人”在北京

1922 年的夏天，沈从文离开沅陵，从常德乘船，越过八百里洞庭湖，经武汉，绕徐州，到天津，在离开保靖十九天后，终于到达了他此次选定的目的地——北京，这个天子脚下的地方、这处五四运动和新文化运动发源的地方、这个他将要在其中见证他打的那场赌的地方……

他走出火车站，站在前门广场上，看着那巍然城楼，以及那川流不息的人群，发出了一声来自于“乡下人”的由衷的感叹：“北京好大！”他知道，自己从踏上这片土地的这一刻起，“开始进到一个使我永远无从毕业的学校，来学那课永远学不尽的人生了”。

只是，这个“乡下人”，从偏处一隅的蛮荒之地，突然置身于这百万人口的大都市，一时之间竟然迷茫了起来，这个新奇的城市，带给他一种手足无措的失落感。“自己在哪里？又要去往何方？”这是沈从文最先想起来的一个问题。他的心中突然又升起一些害怕，面对着这个陌生的地方，陌生的空气，他渴望有一个熟悉的人，或者是带着点儿熟悉的事，给予他哪怕一点微薄之力供他攀援。但现实是，他的眼前除了陌生以外，什么也没有。

一个“乡下人”，跑到一个完全陌生的城市之中，又找不到一丁点熟悉的东西，那么无疑是被人坑骗的对象，倒不是说这处的人有多坏，但这世上本就存在着各行各业，“坑骗”就是其中的一个职业。所以，沈从文正迷惑着自己到底应该怎样去找到一个落脚的地方的时候，一辆排子车停到了他的面前。

一位高个儿的车夫十分客气地向沈从文表示自己可以将他送到任意一个他想要去的地方，只需要支付两块钱。沈从文初来乍到，他从来没有见过这样的排子车，自然也不会知晓，在北京，这样的排子车并不是供人坐乘，而是专门用来拉猪的。于是这个老实的“乡下人”一到北京，还没有来得及入境问俗，就体验了一把“坑骗”的手段，被敲诈去了两块钱。

车夫十分愉快地将沈从文拉到西河沿，沈从文在这边的一家小客店里住了下来。随后，沈从文打听到了正居住在北京的大姐沈岳鑫和姐夫田真的消息，于是即刻动身找上门去。

对于沈从文的到来，大姐夫妻明显是十分惊讶的，这个他们以为会在湘西成为一名绅士或者是在军中混到某个级别的兄弟，就这样突兀地只身一人来到了北京这个城市，出现在了他们的面前。

姐夫田真见到沈从文，关切地问他：“你怎么到这里来了？你来北京，做什么的？”

沈从文回答说：“我来寻找理想，想读点书。”

那样一副天真浪漫的神气，让田真禁不住苦笑起来：“读书？你有什么理想？怎么读书？你可知道，北京城目下就有一万大学生毕业后无事可做，愁眉苦脸不知何以为计。大学教授薪水十折一，只三十六块钱一个月，还是打拱作揖联合罢教软硬并用得来的。大小书呆子不是读死书就是读书死，哪有你在乡下做老总有出息！”

“可是我怎么做下去？六年中我眼看在脚边杀了上万无辜平民，除了对被杀的和杀人的留下个愚蠢残忍印象，什么都学不到！做官的有不少聪明人，人越聪明也就越纵容愚蠢气质抬头，而自己俨然高高在上。被杀的临死时的沉默，恰像是一种抗议：‘你杀我肉体，我腐烂你的灵魂！’灵魂是个看不见的东西，可是它存在，它将从另外许多方面能证明存在。这种腐烂是有传染性的，于是大小军官就相互传染下去，越来越堕落，越变越坏。你可想得到，一个机关三百名职员有一百五十支烟枪，是个什么光景？我实在待不下去了，才跑出来……我想读点书，半工半读，读好书救救国家。这个国家这么下去实在要不得！”

这一席话竟然是从沈从文的口中说出来的？田真讶然。几年不见，那个他眼中从小淘气顽劣的沈岳焕，那个在芷江被一场骗局骗去了一千块钱的荒唐的“败家子”，那个总是让母亲垂泪担心的少年，如今似乎有些不一样了。姐夫田真心中一动，他开始重新打量起沈从文来，这个穷乡僻壤中出来的行伍间的一员小兵，如今竟然已经成长为一个有理想抱负的人，接受了新思潮的洗礼！沈从文话中透露出来的那股带着灼热的燃烧着的理想和希望的气息，让田真开始理解沈从文的心思。他的脸上露出了一抹笑意，声音中都带上了极度的诚恳。

“好，好，你来得好。人家带了弓箭药弩入山中猎取虎豹，你倒赤手空拳带着一脑子不切实际的幻想入北京城作这份买卖。你这个古怪的乡下人，胆气真好！凭你这点胆气，就有资格来北京城住下，学习一切，经历一切了。可是我得告诉你，既为信仰而来，千万不要把信仰失去！因为除了它，你什么也没有！”

田真的这些话，教会了沈从文认识一个新的名词，是“信仰”。在他往后的很长一段路程，乃至于他往后的生命中，这两个字，从不曾离开过他的思想，哪怕是再困难的境地，他也坚持着做他自己，坚持着那份最初的信仰。

北京这处地方，虽然是新事物的发源地，但是因为一直以来都被看成是天子脚下，在这个大城市中，并不是每个有理想有抱负的人都能够生存得下去的。所以在不久之后，沈从文的大姐和姐夫离开了北京，回了湘西，留给沈从文的，除了第一次见面的那番嘱咐之外，只有两条棉被。这下，沈从文在北京就真的是形单影只一个亲属也没有了。

沈从文到北京来时，从保靖军部领取了二十七块钱的薪水，然而这些薪水早在沿途便已经被花光，过武汉的时候，亏得在车上遇见一位陆军部的小科长，得知沈从文的窘迫后，借给了他十块钱做路费，等到沈从文到了北京，一下又被那拉排子车的车夫坑骗去了两块，再付了小客店的钱，等见到大姐和姐夫的时候，他的身边已经只剩下七块六毛钱。

在一个大城市中行走，不论是哪处都需要花钱，当沈从文发现自己身上的钱财越来越少的时候，他只能搬离了那处小客店，到酉西会馆住下——住在这里可以不用出租金。酉西会馆位于前门外杨梅竹斜街，是由清代湘西人出钱修建，专为湘西读书人入京应试考进士举人或候补知县落脚准备的。在会馆附近还置办了一些不动产业，其收取的租金作为会馆的修缮费用。会馆有大小二十个房间，除湘西十三县在北京任职的低级公务员在这里长住外，平时有一半房间空着，让初来北京考学校的湘西同乡居住。会馆的管事姓金，是沈从文的一位远房表哥，所以在得知沈从文的境地后，这位远房表哥允许他免去租金住在这里。

酉西会馆位于一处十分有趣的地界，从会馆向西走十五分钟，即可到达闻名于世的琉璃厂——这是中国古代文化的一个窗口。两条十字街上，排列着几十家大小古董店，小胡同里不标店名出售古董的更多。所有铺子分门别类，给人以包罗万象的印象，不上价的唐、宋、元、明历代破旧瓷器，宋、明、清“黑片”画轴，使沈从文心醉神迷。向东走二十分钟，就是北京著名的繁华闹市之一的前门大街，各种交易在这里展开，旧货中夹杂着一些洋货。而那些从前只能在显贵家中见到的十分稀奇的东西，到这里，却售卖得十分廉价。

沈从文仿佛觉得自己正置身于一个巨大的历史瓦砾堆里，依稀听到了封建王朝分崩离析的声响，处处都在说明那统治了中国近三百年的清王朝的覆灭。仅仅十多年的光阴，粘附这个王朝而产生的一切，就全部已毁灭了，都已失去意义了。

北京正处在一个巨大的变化之中，正在把附属于过去的和过去所积累的一切东西加速地摧毁，让一切的旧事物都成为废品。

既然抛弃了旧的东西，那么新的东西呢？又在哪里？

沈从文来北京的目的，就是为着来寻找这新的东西的。

他原本想要得到一个机会进入到一所大学里去读书，系统地去学习一些新知识。然而，大部分大学的入读都需要学生通过它的入学考试，这对只有高小毕业程度的沈从文来说，无疑是一道难以逾越的难关。有的学校也无需经过考试，譬如当时被认为最有前途的清华大学，入学读两年“留学预备班”，就能依例去欧美留学。沈从文自然也动过心思，毕竟他之前在凤凰老家的时候就已经接触过一个预备兵训练班了，同这是一样的原理。但是与那不同的是，随后沈从文就听人说，进清华全靠走门子。有熟人，凭一纸介绍信，即可注册入学；没有关系的，学业再好也难如愿。

沈从文对于读书终于是失望了，他只能采取去图书馆自行摸索的自学方式获得一些新的知识，而其余的时间，就只能如在湘西时候那样，去会馆外的繁杂的街道上，去亲近那些有趣的事物，读自然人事的这本大书。

他在保靖时，从新报刊上获得的那种“文学革命”的印象让他认定，要重造社会，必须先从“文学革命”入手，通过文学作品，在国民中注入新的理想和热情。可是，这种独居会馆去图书馆自行摸索的自学方式，只带给了他难以忍受的孤独和寂寞，他到现在，却是连标点符号还不会使用！

在酉西会馆住了半年后，沈从文的一位就读于北京农业大学的表弟黄村生前来看他，因为会馆外边的环境太过嘈杂，这位表弟担心他独住会馆时间长了于学习和身心都没有益处，于是特意替他在沙滩附近的银闸胡同一个公寓里，找了一个房间，并介绍了一些朋友。而恰恰沈从文需要一些朋友，需要有人来听他倾诉自己的人生经验，他也渴望从别人身上获得一些启发。

沙滩附近的这个公寓，原先是一个贮煤间，后来略微改造了一下用以居住。房间很小，仅可安膝容身，地面也十分的潮湿，只临时在墙上开了一个窗口通风，窗口上纵横钉上四根细木条，用高丽纸糊好。房内搁上一张小小写字桌，装一扇旧门。沈从文从酉西会馆搬到这个新住所住下，特地为这个房间取了一个幽默诙谐的名字，叫做“窄而霉小斋”。

这次搬迁对沈从文的学习具有十分重要的意义。

尽管他所居住的地方条件简陋得骇人，但在地理位置上，却是以北京大学红楼为中心的附近几十个大小公寓之一。在这些公寓里，住满了全国各地来北京求学的年轻人，正是沈从文想要寻求的那些可以共同研讨说话的朋友。

这个时期，北京大学的校长正是蔡元培。因为校长本人的远见卓识，加上北京大学的学术氛围向来十分开放，所以允许一切人进入这所大学旁听，既没有名额上的限制，也没有身份上的限制，对于一众求学之士来说，无疑是一道福音，所以在北大宣布了这条规矩之后，旁听生瞬间涌入。在这些旁听生中，有准备明年参加考试的，有本科毕业准备再换系学习的，也有在这处等待着相熟的同学毕业一道去就业的。在身份上，有官僚军阀，也有地主贫生，十分庞杂。沈从文因为居住得近，又原本就想要上学，所以自然也成为了其中的一员。在这所“门户开放”“学术自由”的大学里，沈从文得以学习国文讲义，听日语课，有时间也能听到一些历史和哲学。

蔡元培始终坚持学术自由原则，取兼容并包主义，让北大的开化气氛达到了一定的高度，对中国社会后来的发展产生了极为广泛而深刻的影响。也因为这样的氛围，吸引了一批优秀的教师任教，如陈独秀、胡适、李大钊、刘师培、梁漱溟等人，就连著名保皇党人辜鸿铭也被邀请讲学……沈从文在这个知识的海洋中遨游着，同时也结识了不少朋友。

尽管沈从文在北京大学获得了听课的自由和权利，但他毕竟不是一名正式的学生，他想要获得一张大学毕业文凭。

所以在到达北京的这一年秋天，沈从文参加了燕京大学二年制国文班的入学考试。可是，他当时的文化水平实在太过骇人，考试时面对考官的提问，竟然是一问三不知，最终得了个零分，连预先所缴的两块钱报名费也被退回。

从这时起，沈从文对正式入学死了心。于是，他一面时断时续地在北大听课，一面在公寓那间“窄而霉小斋”里，开始无日无夜地伏案写作。文章写成后，就壮起胆子分别向北京各杂志和报纸文学副刊寄去。这些文章却如同石沉大海，毫无回音。不过虽然文章没有得到发表的机会，沈从文却没有气馁，依旧笔耕不辍。

这个“乡下人”，虽温良柔弱在外，却顽强倔强于内。他确信别人能办到的，没有理由自己就办不到！他明白自己在通向文学之园的路上根底极差，又毫无派系可供自己攀援，应更比别人要多受些磨难。今天没有希望，只要明天还可望办到，自己就没有中途罢手的理由。

第 2 节　窘困和落魄下坚守的信念

一个“乡下人”，抛弃掉他原本所拥有的一切安稳和平静，来到一个动荡的陌生的大城市中求学，这是沈从文为了生命的独立，和争取支配自己的权利所选择的道路。他怀着一腔热血和对真理的探知踏上北京的土地，他或许也曾经想过一个什么都没有的人必然会付出一番十分沉重的代价，只是他却没有料到，他连成为一名正式的大学生的资格都没有，只能做一个无名无分的“旁听生”。而后接踵而来的是，经济来源断绝带给他的巨大威胁。

他刚到北京的时候还是夏天，兜里揣着的也只有七块六毛钱，没有入成学，投稿也没有成功过，沈从文没有一丝一毫的收入，光是吃饭，就是他每天所面临着的最重大的问题，经常都处于一种有一顿无一顿的情形中，饿急了，就扎紧裤腰带去看别人吃饭。夏秋转眼就过去了，在北京那个零下十多度的严冬里，一身单衣和大姐、姐夫留下的两条棉被，成为了他全部的过冬物资。住处没有火炉，沈从文连最基本的温饱问题都不能得到解决，

就是在这样艰难的境地中，熬过了一日又一日。他在贫穷和窘迫中，靠着朋友的帮助和科举制度的遗风——举子入京会试可赊账，用自己不屈的毅力，一直熬过了两年半的时光，走过了那段最初阶段的学习的路程。

他也曾想到过半工半读，跑到各个小工场去打听，或是写信寄到

各处去询问，措辞极其谦卑，条件也极为低廉，结果却总是失望。

窘迫的生存问题是对沈从文的一次考验。而原本已经是如此艰难地迈着步子往前行走着了，命运却偏偏还要撒出一些诱惑，更加增添一抹悲戚和选择的痛苦。

深秋的北京，起了大风，尘沙遮天蔽日，昏黄的阳光在空中凄惨惨地闪烁，沈从文漫无目的地独自沿街走着，他又度过了一天没有东西吃的日子。之所以浪费体力上街，只是希望着自己能够遇上一个熟人，或是碰上一个意外机会，得到一顿饭吃。只是他走过的所有的地方，都没有受到幸运之神的眷顾，饥饿一点一点地侵蚀着他的灵魂，侵蚀着他原本那颗坚定不移的心，他不知道自己还能在这样的环境中煎熬多久，也不知道自己什么时候就会忍不住放弃，这样的痛苦，让这个二十岁的年轻人处于一种长期的挣扎的情形中。

但是在他忍受饥饿的时候，上天的诱惑降临了。一支奇怪的队伍从他身边走过，最前面的是一个军人模样的人物，手里摇摇晃晃举着一面小白旗，身后跟着七八个面黄肌瘦、衣裳褴褛的同胞。

沈从文看着这副架势，为了心中那卑微的吃上一顿饭的希望，紧走几步傍近那个举白旗的人问："你们是干什么的？"

拿旗的人打量了一下沈从文，无所谓地笑笑，回答说："跟我们走，有饭吃。"

有饭吃！

这对于一个长期忍受饥饿并且正在被饥饿折磨的人是多么大的一个诱惑啊！沈从文心里一动，在这一刹那，他动摇了，他想着也许可以试一试运气，临时混一顿饭吃，便跟到队伍后面。队伍在天桥杂耍棚附近转了几圈，便在一处停了下来。然后依次到一张桌子前画押按手印。

快轮到沈从文时，他瞧见了放在桌子上供人画押的表格，一下子明白了就里，赶紧悄悄地离开了队伍，带着失望转回他的“窄而霉小斋”。

一个月后，沈从文又出现在天桥附近，情形和上次一般无二。同样的一支队伍又从沈从文身边走过。沈从文已经明白，那个举白旗的人物，是直系或奉系军队的招兵委员，跟在他身后的同胞正预备去卖身当兵。当兵，他原本的工作便是当兵！他清楚地记得，自己正是为了寻求知识和理想，才脱离军籍。如今，怎么能再走回头路呢？

可是，饥饿的压迫这时正产生了一股力量，推着他不由自主地又一次跟在队伍的后面。他晕晕乎乎地走着，心里起着悲愤，同时缠夹着理不清的混乱。又快轮到他填志愿书、按手印领饭费了，沈从文心里突然起了一个回音：“既然为信仰而来，千万别要把信仰失去！”他吃了一惊，将一双饿得昏花朦卑的眼睛看定远处，定了定神，终于从混乱无主的情感里逃了出来，又一次转身离去，继续着他的饥寒交迫的追求理想、坚持信仰的生活。

不过沈从文终究是幸运的，他的幸运在于，每到了一个绝地的时候，总也能遇见一个人帮助他化解一下哪怕暂时的困难。后来，他在回忆起这段艰苦的创作初期日子的时候，用了一句“大概是遇见了太多的好人”来作为总结。那个时候，他也确实是遇见了许多好人，不然一个哪怕是意志再坚定，信仰再高尚的人，都绝对抵挡不住饥饿的摧残。譬如说在他快要过不下去的时候，一位身体瘦削、面庞清癯、下巴略尖的约三十岁的年轻人推开了那间“窄而霉小斋”的房门，给予了他那衰弱的生命一丝生机。

第 3 节　一个傻子的执着和坚持

1924 年冬，沈从文来到北京已经有两年多了。

他在百般无奈中，怀着一丝希望，写信向几位知名作家倾诉了自己的处境，寻求帮助。这其中就有正受聘在北京大学担任统计学讲师的郁达夫。

11 月 13 日，郁达夫推开了“窄而霉小斋”的房门。这一天，外面正纷纷扬扬下着大雪，郁达夫推门所见的就是冷冰冰的没有火炉的屋，一个穿着两件夹衣、用棉被裹着两腿、正坐在桌前用他冻得红肿的手提笔写作的人。

沈从文听见门响，抬起头来，就看到正眯缝着双眼站在门边的人。

“找谁？”

“请问，沈从文先生住在哪儿？”

“我就是。”

来人一下子便激动了起来，“哎呀，你就是沈从文？你原来这样小。我是郁达夫。”

一个自我介绍，让沈从文的心里升起了一股暖暖的希望，他激动地请郁达夫坐下，对他倾诉自己来北京的打算和目前的处境。郁达夫听闻后只感到脊梁一阵阵发冷，他从来没有想过这世上竟然会有学生困窘到这样一种地步。

公寓大厨房里，正传来炒菜打锅边的声音。

郁达夫问他："你吃包饭？"

沈从文摇头，他连饭都吃不起，如何吃得起着公寓的包饭呢？郁达夫瞧着沈从文的神色以及他消瘦的面颊，顿时就明白了。他站起身来，将脖子上一条淡灰色羊毛围巾摘下，掸去上面的雪花，披到沈从文身上，然后邀沈从文在附近一家小饭馆吃了一顿饭。结账时，共花去一元七毛多钱，郁达夫拿出五块钱会了账，将找回的三块多钱全给了沈从文。

一回到住处，沈从文禁不住伏在桌上哭了起来。

多年后，当沈从文已经变成七十多岁的老人的时候，回忆起那时那日的情景，脸上霎时绽开了天真的笑容，激动地说那情景一辈子也不会忘记——"后来他拿出五块钱，同我出去吃了饭，找回来的钱都留给我了。那时的五块钱啊！"

沈从文的遭遇引发了郁达夫对社会黑暗的强烈不满。从沈从文住处回去的当天晚上，他便挥笔写下了一篇题为《给一位文学青年的公开状》的著名文章。在文章里，他称赞了沈从文"坚忍不拔的雄心"，也诧异于沈从文的"简单愚直"。他当时还并不深知沈从文，只看到沈从文生活上的困顿，却不明白沈从文是在什么情形下走出湘西，又是为着什么而自甘如此忍苦。

郁达夫探望沈从文两个月后，沈从文在北京《晨报副刊》上发表了自己的第一篇作品《一封未曾付邮的信》。

随后，年头翻到1925年，从这一年开始，沈从文的作品就经常得见于《晨报副刊》了，报社每月支付他四到十二元的稿酬，尽管不高，但能够解决他最迫切的温饱问题。

这年的3月，沈从文以休芸芸为笔名，在《晨报副刊》上发表了一篇名为《遥夜——五》的散文。文章叙述沈从文乘坐公共汽车的一段经历，在将自己与有钱人的对比中，倾诉自己窘迫处境和内心感受到的人生痛苦和孤独。这篇文章一经刊出，立即便引起了北京大学教授林宰平的注意。

因为有感于青年学生的艰难挣扎，这位生活素朴、自律甚严、富有同情心的学者，于是写了一篇署名唯刚的文章。在引用沈从文《遥夜——五》的一段文字后，文章说："上面所抄的这一段文章，我是做不出来的，是我不认识的一个天才青年休芸芸君在《遥夜——五》中的一节。芸芸君听说是个学生，这种学生生活，经他很曲折的深刻的传写出来——《遥夜》全文俱佳——实在能够感动人。然而凄清、无聊、失望、烦恼，这是人类什么生活呢？"

这之后，林宰平找到沈从文，邀他到自己家去谈天。沈从文的不平常的经历，以及他那种在困境中却依旧保持着自我的没有被偏移了去的信念，让林宰平感动。于是在1925年，沈从文得到林宰平和梁启超的介绍，终于有了一份正式的工作——去香山慈幼院图书馆做办事员，月薪二十元。

尽管沈从文在北京没有至亲之人，但远房亲戚也有几人，只是当他处于生活的困境的时候，唯有最开始的时候，一位远房的表哥和表弟给予了他一些帮助。令郁达夫感到十分奇怪的是，与沈从文沾了亲故的七姨父熊捷三，他的兄长熊希龄此时就在北京主办慈善事业，香山慈幼院即由他开静宜园所建，收容因水灾无家可归的儿童，并被推为理事长。有这样一位有权有势的亲戚，但沈从文却没有去找他求助，连最后去香山慈幼院图书馆做办事员的工作，也是林宰平和梁启超介绍去的。或许找了，只是没有得到帮助而已。

不过沈从文到香山之后，熊希龄倒是将沈从文叫去过几次，议论国家大事。不过沈从文那种自尊自重的性子最终还是促使了他和熊希龄之间的裂痕。

事情起因于沈从文发表的两篇有关香山慈幼院的小说——《第二个狒狒》和《棉鞋》。在《第二个狒狒》一文中，沈从文不仅将香山慈幼院教务长画成狒狒的模样，更是直指其为宵小势利之徒，熊希龄难免牵涉其中，这文章在《晨报副刊》上发表后，立即得罪了那位教务长和熊希龄。而《棉鞋》则是实叙文体，记录了教务长对沈从文的羞辱一事——1925年8月的一天，沈从文由于身上衣物无法换季，趿拖着表弟黄村生早两年给他买的一双旧棉鞋，正低头走出图书馆，突然一根木棍敲打在他的脚上。沈从文抬头一看，见那位教务长戴一副墨镜，脸上悻悻然，用手杖指着自己的鞋子说："哼，原来是沈从文。你这鞋子——"

"鞋底烂了，没有钱买新的，所以——"

手杖第二次敲到沈从文的脚面上："你看，你看，这成什么样子？"

文章在这一年9月发表以后，进一步激化了沈从文与教务长的矛盾。而熊希龄，也认为沈从文侮辱了自己人格的尊严，有了处置沈从文的打算。沈从文感到一种严重威胁正逼近自己。教务长对自己无理的欺侮、欺辱叫他无法忍受，他不愿用自己人格的独立换取在香山工作的这份幸运。终于在这一年的秋天，沈从文自己解聘了自己。没有向慈幼院任何人打招呼，收拾起身边一小网篮破书，下了山。

1927年，沈从文在一首题为《给璇若》的诗中，以一位关心他却不理解他的熟人口吻写道：

难道是怕别人"施恩"，

自己就甘做了一朵孤云，

独飘浮于这冷酷的人群?
竟不理旁人的忧虑与挂念,
一任他怄气或狂癫,
——为的是保持了自己的尊严!

回复了他这一次的离开。他的所有的狂癫的举动，皆是为了保持自己的尊严，离开香山，回到属于他自己的能够让他无论在何种境地都可以挺直了脊梁以及维持自己的人格独立的地方。

1922 年到 1927 年的这段时间，正是沈从文创作的初期阶段。北京的形势极不稳定，政治斗争十分尖锐复杂，许多如沈从文一样原本有着一颗向学之心的人，渐渐卷入到政治之中。沈从文旁听的北京大学也形成了许多集团和派别，一些相熟的人曾跑来动员沈从文参加——

“老弟，不用写文章了。你真太不知道现实，尽作书呆子白日梦，梦想产生伟大作品，哪会有结果？不如加入我们一伙，有饭吃，有事做，将来还可以——只要你愿意，什么都不难。”

“我并不是为吃饭和做事来北京的！”

“那为什么？难道当真喝西北风、晒太阳可以活下去？欠公寓伙食账太多时，半夜才能回到住处，欠馆子饭账三五元，就不能从门前走过，一个人能够如此长远无出息的活下去？”

“为了证实信仰和希望，我就能够。”

两人没谈拢，不欢而散。沈从文这个“乡下人”，对他所认定的东西，有一种难以改变的固执。

这个时期的文学，也产生了左翼和右翼的区分，他们各自组成联盟，也拉开了一场争斗。沈从文弄不明白谁左谁右，也不明白为什么同样是为着“革命”，大家却还要相互斗争？沈从文一直追求着独立，所以远远地离开这些或许会让他卷入斗争的事情，他坚定着自己追求的“文学革命”，需要的是一种沉默的努力，这与醉心于政治斗争是难以两全的。沈从文坚持着他自己的独立，这样东西，他不允许任何人去破坏。

1926年4月，冯玉祥撤离北京。沈从文曾在冯玉祥部秘书处做过事，认识了一位姓赵的秘书，关系很好，冯玉祥撤离后，这位赵秘书就邀他到甘肃共事，并寄给他四十块钱的路费。沈从文回信谢绝了这位朋友的好意，同时将四十块的路费也退了回去，执着地追求着他的“文学革命”，以一种在旁人看来的傻劲，继续着他在文学道路上第一阶段的艰苦跋涉。

第 4 节　一杯薄酒酬知己

1924 年，沈从文在《晨报副刊》上刊出了第一篇文章后，就一直向各大报刊投稿，但是因为沈从文最初的文笔太过淳朴，所记载的事情又都只是记录而没有详略，新文学所最倡导的“思想”，沈从文还没有系统地形成，也还没能够很好地融汇到字里行间。

不过尽管这样，沈从文的文章还是引起了当时任《晨报副刊》主编的徐志摩的注意。尽管以前的文字吸引了一些例如郁达夫、林宰平和梁启超等大人物，但这些人多半是对他笔下所讲述的一个青年求学者的艰辛所感叹欷歔。但徐志摩对沈从文作品的喜欢，却是从这作品本身，那种淡淡的文字，打动了这位有着最纯粹的对真、爱情和自由的向往的青年主编的心。

1925 年 9 月，沈从文放弃香山那个月薪二十元的职务，重新过回了他清苦的生活。也是在这个月，沈从文前往徐志摩家拜访，这是两人间的第一次相见。也是在这年的 10 月 1 日，徐志摩全面接手《晨报副刊》，在这天的报纸上，徐志摩发表《我为什么来办，我想怎么办》一文时，将沈从文和胡适、闻一多、陈源、郁达夫等人放在了同样的高度，将他们一起列为约稿对象。

此后，沈从文的文章在《晨报副刊》得到了大量发表的机会。徐志摩这个对一切事物都有着高追求的人，对当代大家的作品的评价也不甚高的人，却对沈从文的文章情有独钟，这是一种说不出的缘分。

这种缘分，帮助沈从文度过了那段最难熬的创作初期，让他的名字得以被更多的人知晓，给予他一束照亮那条“文学革命”路的最初的光。

在这之后，也是因为徐志摩对沈从文的推崇，让沈从文以一个小学毕业的文凭，被聘为中国公学的讲师，并且在这里，邂逅了他的“黑凤”，成就了他此生在最美的年华里遇见那段最美的爱情。

沈从文一生的奇迹，除了在命途上所获得的长辈、朋友的同情外，还在于他本身的一种生命的魅力，一种单纯，把旁人的“赐予”转变成了一种人格平等的友谊。如与郁达夫、徐志摩此类人物结交，他们原本就没有站在同一条直线上，但沈从文就是有那样的魅力，让这些朋友对他怀上一份歆羡，获得他们的支持，走过一段不易想象的人生道路，创造了一个中国文学史上的奇迹。

只是尽管徐志摩对沈从文帮助良多，但沈从文最好的朋友却并非是这位康桥的诗人，而是胡也频和丁玲。

1925 年初，沈从文处于生活最困难的时节，正以休芸芸为笔名做着每个月得二十块钱稿费的白日梦，将写成的文章向各处投去，然而除了《晨报副刊》外，其他所投，皆杳无音信。所以《京报·民众文艺》发表他作品这件事就显得十分地出人意料。文章刊登后，《民众文艺》的两位编辑来到沈从文寄身的“窄而霉小斋”探望文章的作者。这两位编辑，一个叫做项拙，一个叫做胡也频。这一席谈话，沈从文收获了两份友谊。

大约过了一个星期，胡也频再次来看沈从文时，身后跟了一个年轻女子，圆脸、长眉、短发，上穿一件灰布衣，下着青色绸布短裙，站在门边望着沈从文笑，是因为听说沈从文“长得好看”而特意跑来看看的。

这个女子便是丁玲，原名蒋祎，字冰之。

沈从文初听到丁玲报姓的时候，心想："你长得像个胖子，却姓丁，真好笑咧。"两人都是湖南人，待到谈话深入下去，陌生人之间固有的那种距离便在两人之间缩短了。故乡又傍近同一条沅水，两人便有了许多共同的话题。加上都飘流在外，共同的"怀乡病"将他们的友谊弄得密切了。

不久后，沈从文在胡也频的陪同下，第一次回访丁玲。

丁玲的境遇并不比沈从文好到哪里去，她住在通丰公寓的一个小房间里，睡的是硬板子床，地面霉湿发臭，墙上糊满破破烂烂的报纸，窗纸上用粉墨勾画了许多丁玲熟人、朋友的脸谱——她对艺术发生着兴趣，正为投考艺专而做准备。

见丁玲和时下穷学生一样，住这等简陋房间，沈从文心里生出不少感慨。

"这个圆脸长眉的女孩子，第一面给我的印象，只是使我温习了一番旧有的感想。她同我想象中的平凡女子差不了多少。她也许比别的女子不同一些，就因为她不知道如何料理自己，即如女子所不可缺少的穿衣扑粉本行也不会，年轻女子媚人处也没有，故比起旁的女人来，似乎更不足道了。不过第二天我被那海军学生拉到她住处时，观念改变了些。我从她那儿明白了女人也是同男子一样的人。"

在一日一日的相处中，三人间的友谊加深，并且沈从文发现胡也频爱上了丁玲。他的两个朋友倘若能够相爱，那将是一件多么令人高兴振奋的事情，在这个困窘的北京，沈从文已经很久都没有感受到愉悦的感觉了。

可是有一天，丁玲突然转回湖南去了。这一下急坏了胡也频，一个人关在房间里生闷气。沈从文跑到《民众文艺》编辑处去看他，只见房间里满地都是撕碎的报纸和书页。不久，北京城的公寓里便不见了胡也频的踪迹。胡也频终于抑制不住胸中高涨的爱的潮汐，赶到湖南找丁玲去了。一直到阴历八月十五中秋那天，吃过晚饭，沈从文回到住处，却意外见到门上留有一张字条：

休：你愿意在今天见见两个朋友时，就到碧云寺下面大街××号来找我们，我们是你熟悉的人。

熟悉的人，且是会以“休”这个简写的“休芸芸”的笔名来称呼他的人，沈从文的心中已经料到了来访的是谁。他十分高兴地立即按纸条上所留的地址寻去，胡也频出现在了他的视线中。这个分别了许久的知己！沈从文真是太高兴了，而后，他看到了一个熟悉的圆圆黑脸，睁着一双大眼睛朝外看人，是丁玲，她的脸上挂着几分羞赧腼腆。沈从文敏锐地发现了这二人之间的不寻常之处，果然，等到进屋的时候，沈从文看到了屋中那唯一的一张双人床。顿时就笑了，带着几分了然打趣：“这是新鲜事情。”

“这不是新鲜事情。”胡也频一本正经地说。

三个人就大笑起来。

他们走到见心斋池边，坐上一只无桨无舵方头船划水，互相说着分别后各自的情形。这时，慈幼院的孤儿们正联欢庆祝节日，箫鼓声从山上悠悠飘来，头上悬着一顶晕晕乎乎的圆月。返身时，他们各人买了一片糖含在嘴里，算是没有辜负这一年一度的中秋佳节。

起初，胡也频和丁玲的生活得到湖南方面的接济，所住房间虽不很大，地面却很干爽，屋前屋后都是枣树，又有井，用水也很方便，两人自己动手办伙食。新鲜的生活加上新婚的缠绵，日子过得十分兴奋。

沈从文时常跑到他们那里吃晚饭，饭后便一起天南海北聊天。但过了不久，湖南方面的汇款便不能按时寄来，胡也频和丁玲的生活就有点狼狈起来。

到欲炊无米时，两人就结伴下山进城，或找朋友告借，或出入当铺典当衣物。到不便进城时，就跑到沈从文住处，三人一起吃慈幼院大厨房里的粗馒头。但即便在这时，三人仍互相说着大话——假若每人每月写三万字文章，得三十块钱，就可以自己办一个小小刊物，每周出版一次，还十分认真地商量刊物该取什么名字。

因为经济的拮据，胡也频和丁玲之间逐渐开始争吵，每到这时，其中一人必定跑到沈从文那里诉说心中委屈。然后沈从文就充当争吵中的和事佬，两边跑来跑去进行调解。后来，香山旁边那每月九块钱房租对于胡也频夫妻来说，实在有些难以支付，沈从文建议两人搬到可以多欠一点钱的公寓里去。胡也频和丁玲听从了这个建议，搬到了北河沿公寓。这所公寓的主人是个极好结识弄文学的朋友，住在那处，总要轻松一些。

胡也频和丁玲从香山搬到那边去，三人见面就不如先前方便了。只是一旦沈从文下山，必然要到胡也频和丁玲所住公寓里去。那时，青年作者经常受冷遇，沈从文和胡也频的文章也无法找到固定地方发表，寄出的稿件常常一去无消息。所以但凡是胡也频和沈从文聚到一起，总要谈论如何想法筹钱，如何用自己力量办刊物的话题。

当时，《语丝》正支配着北方文学，只要能在该刊上发表作品，很快就会引起人们注意，所以在《语丝》上发表作品一直是胡也频、沈从文两人的向往和希望。这年5月，沈从文一篇题名《福生》的小说，由胡也频通过一位熟人转给周作人，终于发表在了《语丝》上，当胡也频拿到这期刊物告诉沈从文时，沈从文感动不已。但两人终究没有因为这一次的发表而迎来黎明，两人依旧在黑暗中摸索，挣扎着前行。

唯一不同的就是，这期间，胡也频和丁玲住处常有一些知名青年作家来访，谈起自办刊物，总有人说自己已与某报接洽好，正准备办一个什么周刊。

等那些客人走后，丁玲就总是说："频，这些人要办什么，天生就有那种好运气，一下子就可以弄好了。"胡也频总不放过任何努力的机会："休，休，我们赶快也去问问，不要他们稿费也行吧。我们写一封信去问问，还是亲自去问问？你说。"

沈从文也总是苦笑，他的心中开始产生一种想法："假如我们对文学事业有一种信仰，又何必和别人计较一时的得失？"但是这话，他不能和胡也频说，他只能在沉静中表示自己的支持。

分歧大概在这个时候已经显现了端倪，一个想要与别人比拼出个输赢的人，和一个只想静静地走一条属于自己的文学路的人……

胡也频很快就开始写信去问有没有接一份副刊的机会，写完后念给另外两人听，末了由沈从文签个名，代表他的意愿。丁玲总是在胡也频写这些信的时候去抢，因为在她看来，胡也频和沈从文两个人并不是文学团体中的人，文章尚不能被人登载，如何会有人支持办刊物呢？但胡也频可不管这些，他一有空，就会写这些书信，然后躲开丁玲的争抢，把书信寄出去。

如丁玲所说，现实就是这样，他们两个在文坛上还并没有那么大的魅力能够得到别人的支持。那些由胡也频撰文、沈从文签字的书信如同他们所投的稿件一样，没有获得一丁点的反馈。

他们两人刚走出北河沿公寓，沈从文就因为和慈幼院方面闹翻，自己给自己辞了职，搬进了这公寓。

因为在香山的时候，沈从文经人介绍成了《现代评论》的发行员，所以尽管生活水平骤降，但对于他在身无分文的时候都能挣扎着前行的人来说，这并不算什么。因为在《现代评论》的这份工作，沈从文的文章得以有了一个发表的阵地，并且与刊物的主编陈源、文艺编辑杨振生等熟识。这两个人，一个是徐志摩的好友，一个对他将来和胡也频办刊物起到了十分大的作用。

这个时期，尽管胡也频回到了湖南，但经常都会写诗寄给沈从文看，沈从文便将这些诗转给《晨报》和《现代评论》发表。由于这些诗的形式和原稿字迹，都与沈从文相近，编辑都以为这些诗是沈从文作的，以为也频是沈从文的另一笔名。以至 1927 年，丁玲《在黑暗中》的各篇章开始发表时，《小说月报》编辑叶圣陶见到原稿，也以为不出沈从文和胡也频二人之手。

这是三人关系相近的一种见证。

最先是沈从文和胡也频这两个写书的，因为待在一起的时日久了，落笔也受了一定的影响，都喜欢用硬笔头，在窄行稿纸上写密密麻麻的小字，字间的疏密及涂抹勾勒方式相似。当时丁玲是不写书的，后来开始写书的时候也继续着同一书写方式。

关于这三人间的同一种熟悉方式和字迹相似的缘分，还在丁玲、沈从文和鲁迅之间，惹起了一场严重的误会。

1925 年 4 月 30 日，正在丁玲的生活极度困窘的时候，鲁迅收到了一封署名丁玲的来信——那是丁玲独自离开北京返湖南之前，因上学无望、处境艰窘，就写了此信向鲁迅求援。信的大意是说：一个女子在现社会上怎样不容易活下去，她已经在北京碰过许多钉子，但还是无出路，想要求鲁迅带她设法弄个吃饭的地方，哪怕就是报馆或书店的印刷工人职位都可以。

鲁迅收到丁玲来信后，因为不知丁玲其人，就托了几个熟人帮他打听一下。第二天晚上，前《晨报副刊》主编孙伏园就回复说周作人那里也有同样的一封信，笔迹很像休芸芸。于是在座的章衣萍便说，不要又是什么琴心女士与欧阳兰的玩意罢。

琴心女士和欧阳兰就常常用女人的名义做文章，戏耍他人，鲁迅听朋友这样说，自然信以为真，认为沈从文以女人身份和他开玩笑，并因此生了气。在 7 月 12 日给钱玄同的信中就写道："这一期《国语周刊》上的沈从文，就是休芸芸，他现在用了各种名字，玩各种玩意儿。欧阳兰也常如此。"

隔了几天，又在信中就此事作了进一步发挥：

且夫"孥孥阿文"，确尚无偷文如欧阳公之恶德，而文章亦较为能做做者也。然而敝座之所以恶之者，因其用一女人之名，以细如蚊虫之字，写信给我，被我察出为阿文手笔，则又有一人扮作该女人之弟来访，以证明确有其女人。然则亦大有数人"狼狈而为其奸"之概矣。总之此辈之于著作，大抵意在胡乱闹闹，无诚实之意，故我在《莽原》已张起电气网，与欧阳公归入一类耳矣。

他所说的，以丁玲之弟的名义拜访的，正是胡也频。

后来丁玲回忆说："这一天，他（胡也频）只去看鲁迅，递进去一张'丁玲的弟弟'的名片，站在门口等候。只听鲁迅在室内对拿名片进去的佣工大声说道：'说我不在家！'他只得没趣地离开，以后就没有去他家了。"

后来，荆有麟从胡也频那里证实了确有丁玲其人，而且在北京无以为生，已回湖南老家去了，便将这情况告诉了鲁迅。鲁迅对沈从文的误会终于解开，对这件事十分抱歉："那么，我又失败了。既然不是休芸芸的鬼，她又赶着回湖南老家，那一定是在北京生活不下去了。青年人是大半不愿回老家的，她竟回老家，可见是抱着痛苦回去的。她那封信，我没有回她，倒觉得不舒服。"

只是，从这一段文字中，虽然可以看出鲁迅对丁玲有所愧疚，但对于沈从文，却似乎并没有太多的好感，只是阐述了确有丁玲其人便不再多述了。

这件事情，可以说最直接地造成了沈从文和鲁迅这两个文学大家之间的矛盾。

原本鲁迅对于这件事情的议论也只是在私人和信件之中发表看法，但同在一个圈子，沈从文的朋友或也是鲁迅的朋友，因此这件事情很快就被沈从文知晓了。当时，沈从文得知这一消息后，也同样生了气。人总有自己的尊严，以至在鲁迅生前，沈从文始终不愿与鲁迅见面。1925 发生这事，至 1926 年，这两位作家同时住在北京，1928 年至 1931 年，两人又同时住在上海，但都没有见过面。1931 年，沈从文在《记胡也频》一书中，这样说："丁玲女士给人的信，被另一个自命聪明的人看来，还以为是我的造作。"

在这件事上，鲁迅和沈从文都未能冷静地抑制自己的感情。但无论鲁迅还是沈从文，却没有因此影响各自对对方文学成就的评价。沈从文在他后来所写的一系列论述中国新文学成就的文章中，始终将鲁迅的创作放在最重要的位置，鲁迅在 1935 年与斯诺的一次谈话中，肯定沈从文是自新文学运动以来，"出现的最好的作家"之一。

这年冬天，胡也频和丁玲第二次返回湖南不久，胡也频一个人回到了北京。但他一离开丁玲，便感到分离的痛苦，不久又借钱赶回湖南。丁玲同样不能忍受这种离别的考验，几乎在胡也频南下的同时，从湖南向北京出发，两人乘坐的船却在洞庭湖里错过了。于是，胡也频再从湖南赶回北京与丁玲相会。

这以后，两人在北京不断调换公寓，一会儿银闸胡同，一会儿孟家大院；一会儿景山东街，一会儿北河沿，最后又搬入汉园公寓。在银闸、景山东街，到汉花园，沈从文都是和他俩住在同一个公寓里。当胡也频、丁玲听从刘梦苇的建议，第二次迁入北河沿公寓时，一些在北京的朋友见他们二人重回北京，就有人建议成立一个文学社，办一个刊物，由丁玲牵头，并从“未名社”社名得到启示，取名为“无须社”。但最终也没有取得什么结果。

这时，丁玲正开始酝酿写短篇小说；胡也频文章也有了出路，每月可得二十五元钱的稿酬。生活刚刚稳定，不愿意另作安排。而沈从文因徐志摩负责《晨报副刊》，文章得到赏识，有了较多发表机会，生活都十分过得去。

1928 年 1 月，沈从文离开北京去往上海，结束了他最初阶段的创作历程。关于沈从文的早期创作，极大程度上是使用的“自叙传”，写的都是真事，没有丝毫的虚构。但那些有关故乡生活回忆的文字占据了压倒性的比例，所描写的自然景物、民情、习俗，尽管将人带进一个奇异的世界，但文学到底不只为着猎奇，不能止于社会生活的简单记录，它需要一些蕴含在其中的思想。

这种“自叙传”式的创作，一直到 1927 年底，因为一部分以都市人生为题材的作品，终于进入了他的都市讽刺时期。不过虽然如此，但这些作品仍以真挚的情感和天真的自然之趣，用一种沈从文独有的风格，获得了读者的欣赏。

沈从文在《致唯刚先生》一文中，对于自己这段最初的创作时期，有过一句极明确的告白：

我只想把我生命所走过的痕迹写到纸上。

第 5 节　南下：作者精神上的悲戚

1927 年 4 月，蒋介石策动反革命政变，大肆屠杀共产党员、国民党左派及革命群众，并在南京成立国民政府，取代北洋军阀政府的统治。随后，7 月 15 日，汪精卫在武汉召集会议，宣布停止与中国共产党的合作，用残酷的杀戮结束了第一次国共合作。至此，中国政治格局发生大变化，国民政府政治政权南移，新闻出版等言论发表阵地自然也跟随着南移，上海的新书业获得了发轫勃兴的机运。

这一变化，直接决定了沈从文离开北京去往上海的命运。

自 1925 年以后，沈从文的写作情况得到了很大程度上的改善，除了在《晨报副刊》和《现代评论》上占据了一席发稿之地外，由叶圣陶负责的《小说月报》的平台也对沈从文开放，他已经相继出版了《鸭子》和《蜜柑》等作品，稿费收入已经远远地超过了曾经所期盼的每月三十元。只是尽管如此，沈从文身上的压力并没有减少多少，他所面临着的生活的考验依旧十分严峻。因为在 1927 年，母亲和九妹从湘西来到了北京。

沈从文负担着一家三口的生活费用，这些全部来自于他的稿费收入。为了维持家庭的生活，沈从文不得不十分辛苦地大量创作作品。国民政权南移导致了《现代评论》等报纸和各大沈从文所投稿的书店都相继移到了上海，沈从文也只好跟随着做出了南移的决定。

1928 年 1 月，沈从文让母亲和九妹暂留北京，独自先行到了上海，住进法租界善钟里一个托上海的朋友预先租定的亭子间。随后，将母亲和九妹接到上海，由亭子间迁入正楼大房，依然靠沈从文的稿费生活。

按上海的生活标准，每月需要二十元房租，十元水电费的基本消费，加上一家三口人吃饭，沈从文每月支出至少在一百元以上。然而沈从文面对的还不单单是基本的生活费用的问题。这个时期，母亲的肺病逐渐加重，成天咯血，小妹也到了要上学的年纪。这些治病、上学的开销完全落在沈从文的肩膀上，他不得不选择靠卖文筹措。

一直以来，在文人的圈子中，一旦听说谁是“卖文谋生”，大家都是十分不待见的，但沈从文除了这样的方法，再没有他路能够帮助一家人度过目前的困难，更何况，对于这些，他原本也不见得有多在意。

沈从文几乎将全部时间用于写作，按照上海各书店的惯例，十万字左右的集子，可以拿到一百元左右的稿酬，沈从文便向这些书店投以大量的作品换取收益。此外，一些新开张的书店，如光华、神州国光、华通等，出书时都要沈从文给他们打头炮，所以纷纷约稿。照理说，有这么多处求着沈从文的稿子，已经足以让他不必担心家庭的问题了，但事实远非如此。

那些新开的书店赠与沈从文“名家”“天才”等各种名头，赞扬他的文章，但一到需要支付稿费时，却极尽敷衍、拖欠、赖账。1928至1929这两年，几乎上海所有的书店和大型刊物都有沈从文的作品发表和集子出版，但他的生活却依旧处于问题之中，沈从文总是不能按时得到应有的报酬。为此，他常常不得不亲自上门索取，而常常，等待他的只是失望。

1928年10月，光华书店一次性就出了沈从文的两个小说集——《山鬼》和《长夏》，但沈从文仅仅从吝啬的书店老板手中得到了一百块钱，老板便再也不支付稿费了。沈从文没办法，只好找上门去，在柜台边找到办事人，向他说明了自己的来意。

但办事人却拒绝了他的讨要稿费的要求，同时竟然还说出“还有人一个钱也没拿呢”的话，意思是对待沈从文已经算是很好的了。沈从文嗫嚅着，再也无言以对。他看着书店里的读者捧着他的作品，称赞着，看着柜台处一本一本地售出他的作品，然而他这个作者，却连讨要一点稿费来解救他的燃眉之急都办不到。他被书店老板和刊物编辑赠与“天才”的桂冠，被一些小报造谣说发迹买了一幢大房子，但是他却解决不了自己当下面临着的一家人生活开支的问题。

一些人买书，一些人赚钱，而作者却两手空空。

沈从文的心中升起一股凄凉。然而尽管作者和出版商之间有着如此深厚的矛盾了，但沈从文唯一能够做的，只是继续伏案写作，再将写成的新作廉价地卖出去，然后等待那些不知道什么时候才能到达他手中的微薄的助他维持生活的稿资。这样的大量的输出后，沈从文的身体终于被生活的压力和工作的劳累压垮了。他变得十分虚弱，每当他坐在斗室里，面对一堵白色粉墙伏案写作时，三天两头会突然头痛难禁，接着便是不停地流鼻血。

那情景十分骇人，常常弄得嘴角、下巴、衣襟、稿纸以及用来揩拭的毛巾上全都血迹模糊。一次，在复旦大学读书的陈万孚夫妇来看沈从文，当他们推开门一看，眼前的情景使他们惊呆了，只听得“啊呀”一声，陈万孚夫人竟吓得昏倒过去。结果，累得大家忙着去请医生，反过来抢救这位夫人。

沈从文怀着一种悲凉的心境，绝望地行走在这条文学路上。因为精神上的强大的压力，在这两年间，沈从文的作品中开始反复的出现“自杀”和“死亡”的字样。那些带自叙传色彩的小说，如《一个天才的通信》《呆官日记》《不死日记》里的主人公，在贫病和社会黑暗的两面夹击下，常常免不了自杀的悲剧结局。就像沈从文他自己，在贫病和社会黑暗的两面夹击下，他也产生了这样的心理情绪。唯一不同的是，沈从文没有自杀，也没有想过用自杀的方式去结束这一切，他还希望通过艰难的挣扎，去证实生命的价值。

“……我还是应当把命运扔给我的一切，紧紧捏在手上，过着未来许多日子的。我还应当看许多世界上的事情。”

由于不忍心看着自己连累儿子受苦，沈从文的母亲最终在 1928 年底或 1929 年初，离开上海，独自返回湘西去了。

第6节 《红黑》与《人间》的诞生

1928年7月，胡也频和丁玲从杭州来到上海，搬进永裕里10号居住。这时，上海《中央日报》正好需要一名副刊编辑，因其总编辑彭浩徐曾做过《现代评论》的编辑，和沈从文熟识，所以沈从文便推荐一直想要办刊物的胡也频去。三人将这副刊定名为《红与黑》。

由于这一份副刊，加上新书业的勃兴发展，已成为上海商业赢利的时髦行业，各大书店相继开张，着实难免触动了沈从文、胡也频和丁玲三个人的心，他们在北京时，曾经那样地期盼过有朝一日能够自己办一份刊物。再加上这个时期，沈从文、胡也频、丁玲三人的作品也获得了相应的发表与出版的保障，没有了后顾之忧，于是三人计划冒一次险——办刊。《红黑》和《人间》杂志就这样诞生了。

为了方便办刊，三人共同租赁了萨坡赛路204号的一套房子。胡也频、丁玲及丁玲母亲住二楼，沈从文和母亲、九妹住三楼，开始了其后一年间共同的紧张而忙碌的编辑与写作生活。这时，胡也频父亲恰好来上海，为他们辗转借了一千元的初期启动资金。于是，三人商定，由胡也频负责《红黑》杂志，沈从文和丁玲负责《人间》月刊，并在各书店出版三人取名为《二百零四号丛书》。

在《红黑》发刊词《释名》里，他们对刊物的名称，做了一番解释，代表着三人当时的共同心声：

红黑两个字可以象征光明与黑暗，或激烈与悲哀，或血与铁……

这红和黑，的确是恰恰适合于动摇时代之中的人性的活动……但我们不敢掠美。我们取“红黑”为本刊的名称，只是根据于湖南湘西的一句土话，例如“红黑要吃饭的”！这句话中的红黑便是“横直”意思，“左右”意思，“无论怎样总得”意思……因为对于这句为人“红黑都得吃饭的”这个土话感到切身之感，我们便把这“红黑”作为本刊的名称。

这段发刊词，不仅标志着《红黑》的诞生，同时也流露出了沈从文独立地走自己的路的决心，以及这份刊物也将如同他的这种决定一样，拥有它自身的独立。

没有知名度，没有作者，那就完全靠三个人去写作，编辑、出版、发行各个环节的各种繁杂的事情，也只能靠他们三个人去处理。所幸经过一段时间忙碌的写作和制作过程之后，《红黑》第一期终于出版发行。杂志发行后，三个人一起赶到集中了上海各书店的四马路和北四外路，去看刊物出售情况。看着各家书店橱窗里陈列着这本积聚着他们的理想和心血的新刊物，看着那格外醒目的、又格外厚重大方“红黑”二字，看着读者正拿着这期刊物翻阅……三人露出了笑容。他们从一家书店溜入另一家书店，既紧张又兴奋。

几天后，三人又分头跑到各处去打听刊物的销售情况，所得到的反馈十分好。《红黑》第一期仅在上海就卖出了近一千本，这在当时，是一个极可观的数目。北京、厦门有朋友愿意为他们帮忙发行；武汉、广州也有朋友陆续来信，希望他们能够多寄一些。这样的一种被需求，让三人油然生出一股满足和干劲儿，于是决定将每一刊都增印到五千份。

尽管凭着三人之力，要支持两个刊物，是一种极为沉重的负担，但每想到这是他们自己的刊物，是自己用心血孕育、催生的婴儿，得到了读者的肯定，信心就在他们的心中迅速地增长，成为推动他们生活与工作的动力。

在沈从文看来，《红黑》是三个文学青年在社会压迫的困境中，实证生命价值的象征，是他们争取文学“独立”的产物。

那时，在上海文坛上，无产阶级文学运动正开始勃兴，在创造社、太阳社的作家和鲁迅、茅盾等人之间，正爆发着关于“革命文学”问题的激烈论争，国民党政府正着手实施“党治文化”，制定“三民主义的文艺政策”，开始酝酿所谓“民族主义文艺运动”，以便同无产阶级文学运动相抗衡。而上海各书店的老板，又正以商业赢利为目的，迎合读者趣味，竭力使文学作品商品化。他们渴求自主，既不屑充当国民党政府的喉舌，以获取政府的津贴；又不愿效法商人，迎合读者的一般趣味以赢利，所以他们的努力不能不说是一次天真的冒险。正如丁玲后来所说，他们出版《红黑》，是“几个又穷又傻的人，不愿受利欲熏心的商人的侮辱、节衣缩食想要改造这种唯利是图的社会所进行的共同冒险”。

在杂志的出版上，胡也频既要负责编辑，又要跑印刷所，送稿、算账、购买纸张、接洽书店；沈从文和丁玲则待刊物印出，便忙着抄写订户名单，然后按名单将刊物分寄各处，或付邮到外埠，或亲自送刊物到上海各书店。虽十分忙碌，精神却十分愉快。

然而这样一味地站立在一个独立的文学刊物的位置上，终究是一件十分冒险的事情。到1929年春，凝聚着三人心血的《红黑》和《人间》到底还是置于了险象环生的情形。三人不得不停止《人间》月刊的出版，集中资金去办《红黑》，但尽管是这样，《红黑》到最后还是成了商业竞争的牺牲品。这一场办报行动，从1928年夏开始，到1929年春结束，近一年的经营，得到四期《人间》和八期《红黑》，最后这场从一开始就似乎注定要失败的冒险还是没有逃出停刊的结局。

然而，尽管刊物最终因为缺乏资金的原因停办了，但对于沈从文、胡也频和丁玲三个人来说，这一次大胆的冒险也带给他们许多收获。除了杂志上发表的许多作品外，他们以红黑出版社及《二〇四号丛书》的名义出版了七种小说单行本。胡也频的《光明在我们前面》，丁玲的《韦护》以及沈从文的《龙朱》《旅店及其他》《神巫之爱》等小说都在这里完成，为他们各自的生命都添上一笔浓墨。

因为最初开办《红黑》和《人间》的时候，是胡也频的父亲帮忙转借的一千块钱的启动资金，刊物既已因资金不足而不得不停刊，但债务却落在三人的身上不得不偿还。这个时候沈从文的母亲因为不忍心给儿子增添更多的负担独自回了湘西老家，九妹却依旧和沈从文居住在一起，受哥哥的照顾。沈从文除了还清债务外，同时也还需要赚取家庭的开支，压力十分巨大。所以他在办刊物失败后所做的第一件事，就是搬出那栋为了方便办刊物而租的萨坡赛路 204 号的那套房子，搬到吴淞去，而后将妹妹寄住在董秋斯夫妇家里——因为他是个不会打理生活的人。

办刊失败的三个人除了继续写稿投稿外，还开始各找事干，徐志摩得知他的境地后给他写信让他回北京。沈从文甚至动过去上海美术专科学校跟那个为《红黑》提名的刘海粟学绘画的念头，但最终还是在徐志摩的劝说下打消了念头。

徐志摩为他某了一份教书的差事。

而后，恰好济南方面正托冯沅君、陆侃如帮助物色合适的中学教员，于是，由冯沅君、陆侃如介绍，胡也频决定去济南教书。1930 年初，胡也频离开上海去了山东济南。一个多月后，丁玲也从上海动身，赶到济南去了。

第四章

爱情——一个正当最好年纪的人

第 1 节　爱如潮汐般猛烈

因为徐志摩的介绍，沈从文得到了一份在上海中国公学担任讲师的工作。

那个时候中国公学校长是胡适，胡适和徐志摩的关系向来极好，也十分认同徐志摩的思想，一个被徐志摩推崇的人，开明的胡适想也没想就破格录用了这位只有小学毕业文凭的作家，让他主讲大学部一年级现代文学选修课。

不得不说，沈从文的这一段经历简直是一个奇迹，不论是在过去还是现在，一个只有小学毕业的资历，竟被延揽为大学的教师，简直匪夷所思！然而这种匪夷所思的事情，在沈从文的身上还常有发生。

第一次登台授课的日子很快就来临了，沈从文怀着兴奋和紧张的心情，特意花了八块钱，租了一辆包车去学校。这是他第一次以一个校园正式人员的身份踏入，在此之前，他虽然有很长一段时间在北京大学做旁听生，但他的心里始终怀着拿到一张大学文凭的想法。现如今，他不是一名正式的大学生，却是一名被合格聘用的老师，他将要走上讲台，给满堂的学生授课。为此，他做了认真而充分的备课，所准备的内容完全足够使用一小时。

这个时候，沈从文因为大量写作，上海所有的开张的书店几乎都出版过他的作品，又办了《红黑》和《人间》杂志，在文坛上已崭露头角，小有名气。在得知沈从文开课的时候，很多学生都慕名前来听课，所以还没有开课的时候，教室里已经被挤得满满的。在此之前，也有很多人听说了沈从文的一些事情，比如他是行伍出身，比如他的小说里总是展现一副湘西独有的荒蛮和强悍，这些学生皆猜测沈从文大抵是一个身材魁伟、浓眉大眼、充溢着阳刚之气的男子汉，然而当那个人低着头急匆匆地走上讲台的时候，他们才发现，这位老师和想象中的全然不同：一件半新不旧的蓝布长衫罩着一副瘦小的身躯，眉目清秀如女子，面容苍白而少血色，一双黑亮有神的眼睛稍许冲淡了几分身心的憔悴。

沈从文站在讲台上，一时间脑子里"嗡"的一声，竟然空白一片。讲台下黑压压的一片人，无数怀着希冀的目光灼灼地看着他，他张了张嘴，突然就忘记了自己开口的第一句话应该说什么。沈从文就这样在讲台上站了一分钟，五分钟，十分钟……然后，在一片鸦雀无声中，沈从文拿起粉笔，在黑板上写道：

我第一次上课，见你们人多，怕了。

这节原本准备的足够一个多小时的课程，在沈从文的慌张下，只十来分钟就讲完了。下课后，学生们议论纷纷。消息传到教师中间，有人说："沈从文这样的人也来中公上课，半个小时讲不出一句话来！"这样的议论传到胡适耳中，胡适却不以为然，还笑了说："上课讲不出话来，学生不轰他，这就是成功。"

这一次讲课，固然是不怎么成功的一次，然而在这次授课上，却为沈从文的生命中埋下了一段情缘，出现了一个拨动了他从未真正颤动过的、沉寂二十六年的心弦的女孩儿。

张兆和，时年十八，刚从预科升入大学部一年级的学生。这个女孩儿生着一张秀丽的面目，身材窈窕，性格平和文静，是学生中公认的中国公学的校花。

沈从文看见张兆和在自己的课堂上认真地听课，竟不知道确切的是从什么时候开始，这个娴静美丽的女子如同一只凤凰，飞进到沈从文的心间。

或许是沈从文看见张兆和在操场上边走边吹口琴，走到操场尽头的时候，潇洒地将头发一甩，又吹着口琴转身往回走，神采飞扬的模样的时候，洋溢着青春气息的张兆和如同一道光亮，瞬间蹿进沈从文的心间……

随着时间的推移，那道身影越来越鲜亮，触动了他心尖上一种奇妙的情感，最后这种情感终于从心口蔓延开完全占据了他的思想。沈从文知道，自己是爱上这个女孩儿了。爱神丘比特的神箭终于射中了他的心窝，一瞬间，爱如潮汐，席卷而来，吞没了沈从文的所有心事，只余下一个人，以及有关于这个人的一切。

在沈从文生命的前二十六年，固然不全然是没有起过爱恋的心思，譬如那位曾与他做过邻居的莲姑杨莲生，那个在芷江以为他们彼此相爱、一度觉得能够成为他的妻子、并为此拒绝了四门绝好的亲事的高挑白净的女子，对于这些女子，沈从文或许都曾有过想法，然而那也只是想而已，那种感情，就像人到了吃饭的时间，必须要找到一种食物去填饱自己的肚子一样，不过是一种惯例。在他生命的前二十六年，他所关心的问题，更多的是人世间的那些有趣的事情，以及为了生存而做出各种挣扎，情爱的问题则被他压制在心底某个极其微小的地方。

然而就是在这个时候，遇见张兆和，让他那点埋在内心深处的对情爱的想法迅速地膨胀，然后迅速地占领他整颗心，整个脑袋。

爱情将沈从文弄得寝食难安，他决定付诸行动，去见见张兆和，去了解这个女孩子。所以，这个“乡下人”开始借着饭后、课余在校园里散步，往张兆和住的学生公寓跑去，去见她一面。只是，这个能够写出一本又一本小说故事的作者或许已经将他所有的话都用笔说尽了，所以在现实中显得是那样的不善健谈、口齿朴讷。每次当两个人面对面站着的时候，沈从文分明想要向她倾吐自己的爱恋之情，但是话到喉咙的时候，却突然就变成了问她的功课，问她最近读什么书以及家里的情况。

在张兆和的眼里，这位老师总是给她一种呆愣的感觉，请他坐下，他不坐却也不走。然而沈从文的神色间却让她的心中感到几分慌张，感到不安起来。果然，不久之后，张兆和收到了沈从文给她的书信。

一个文人，一个作家，似乎表达爱慕的方式都缺不了鸿雁传书。笔谈远胜于言谈的沈从文，终于拿起了他的那支笔，将自己的一腔情意编织进那一篇篇的美丽的书信中，传递到那个令他心动的女孩儿手中。

第 2 节　诗人诗中的那个女子

“我行过许多地方的桥，看过许多次的云，喝过许多种类的酒，却只爱过一个正当最好年龄的人。”

如果有一本专门收录民国情话的本子，那么沈从文的这句话，应当算得上是最美的情话之一了。这样平凡的几句话，读念起来，却仿佛有一股涓涓细流，缓缓地涤荡进心间，为那颗跳动的心脏，镀上一层温暖的包裹。

沈从文写给张兆和的第一封情书已经湮灭在岁月中，但在《新废邮存底》中保留的他 1931 年写的一封情书中也能够体会得到沈从文对于他的“黑凤”的狂热的爱。

……

我还要说，你那个奴隶，为了他自己，为了别人起见，也努力想脱离羁绊过。当然这事做不到，因为不是一件容易的事。为了使你感到窘迫，使你觉得负疚，我以为很不好。我曾做过可笑的努力，极力去同另外一些人要好，到别人崇拜我，愿意作我的奴隶时，我才明白，我不是一个首领，用不着别的女人用奴隶的心来服侍我，却愿意自己做奴隶，献上自己的心，给我所爱的人。我说我很爱你，这种话到现在还不能用别的话来代替，就因为这是我的奴性。

三三，我求你，以后许可我作我要作的事，凡是我要向你说什么时，你都能当我是一个比较愚蠢还并不讨厌的人。一个月亮不拘听到任何人赞美，不拘这赞美如何不得体，如何不恰当，它不拒绝这些从心中涌出的呼喊。三三，你是我的月亮。你能听一个并不十分聪明的人，用各样声音，各样言语，向你说出各样的感想，而这感想却因为你的存在，如一个光明，照耀到我的生活里而起的，你不觉得这也是生存里一件有趣的事吗?

……一年内我们可以看过无数次月亮，而且走到任何地方去，照到我们头上的，还是那个月亮。这个无私的月不单是各处皆照到，并且从我们很小到老还是同样照到的。至于你，“人事”的云翳，却阻拦到我的眼睛，我不能常常看到我的月亮！一个白日带走了一点青春，日子虽不能毁坏我印象里你所给我的光明，却慢慢的使我不同了。“一个女子在诗人的诗中，永远不会老去，但诗人他自己却老去了。”我想到这些，我十分忧郁了。生命都是太脆薄的一种东西，并不比一株花更经得住年月风雨，用对自然倾心的眼，反观人生，使我不能不觉得热情的可珍，而看重人与人凑巧的藤葛。在同一人事上，第二次的凑巧是不会有的。我生平只看过一回满月。我也安慰自己过，我说，“我行过许多地方的桥，看过许多次数的云，喝过许多种类的酒，却只爱过一个正当最好年龄的人。我应当为自己庆幸。”这样安慰到自己也还是毫无用处，为“人生的飘忽”这类感见，我不能忍受这件事来强作欢笑了。我的月亮就只在回忆里光明全圆，这悲哀，自然不是你用得着负疚的，因为并不是由于你爱不爱我。

……我现在，并且也没有什么痛苦了，我很安静，我似乎为爱你而活着的，故只想怎么样好好的来生活。假如当真时间一晃就是十年，你那时或者还是眼前一样，或者已做了某某大学的一个教授，或者自己不再是小孩子，倒已成了许多小孩子的母亲，我们见到时，那真是有意思的事。任何一个作品上，以及任何一个世界名作作者的传记上，最动人的一章，总是那人与人纠纷藤葛的一章。许多诗是专为这点热情的指使而写出的，许多动人的诗，所写的就是这些事，我们能欣赏到那东西，为那些东西而感动，却照例轻视到自己，以及别人因受自己所影响而发生的传奇的行为，这个事好像不大公平。因为这理由，天将不允许你长是小孩子。“自然”使苹果由青而黄，也一定使你在适当的时间上，转变成一个“大人”。三三，到你觉得你已经不是小孩子，愿作大人时，我倒极希望知道你那时在什么地方做些什么事，有些什么感想。“萑苇”是易折的，“磐石”是难动的，我的生命等于“萑苇”，爱你的心希望它能如“磐石”。

多么动听的情话！

“如果我爱你是你的不幸，你这不幸是同我的生命一样长久的。”

“求你将我放在你心上如印记，带在你臂上如戳记。我念诵着雅歌来希望你，我的好人。”

“望到北平高空明蓝的天，使人只想下跪，你给我的影响恰如这天空，距离得那么远，我日里望着，晚上做梦，总梦到生着翅膀，向上飞举。向上飞去，便看到许多星子，都成为你的眼睛了。”

沈从文毫不掩饰地将自己情感倾泻在那一张一张的纸上，他近乎卑微地爱着张兆和，把她当做顶礼膜拜的女神，把自己当成是爱情的奴隶。

最初收到情书的时候，张兆和是惊慌的，甚至还稍稍起了一点反感。她出身名门，曾祖父张树声历任两广总督和代理直隶总督，父亲张冀牖独资创办了乐益女中，致力实业，家底殷实。因为担心久居合肥老家会让子女沾染世家子弟奢华的积习，所以举家搬迁到上海，去接受新文化和都市的熏陶，后来又搬去了苏州，成为江南名门。张兆和还有三个姐妹，大姐元和，二姐允和，四妹充和，还有一位五弟寰和。张家的四个女儿，相貌秀美、知书达理，小说《秋海棠》的作者秦瘦鹃曾说“张氏四兰，名闻兰苑”，文学家叶圣陶也说“九如巷张家的四个才女，谁娶了她们都会幸福一辈子”，所以在当时，追求的人有许多。她把那些追求她的男孩写给她的情书编号，“青蛙 1 号”、“青蛙 2 号”、“青蛙 3 号”……看完就放在抽屉里，从来都不会回信。张兆和也从来没有想过自己会收到一封来自老师的情书。在她看来，一个老师给学生写这种东西，简直是一件稀罕事。张兆和惊慌地看完这书信后，也没有回信，二姐张允和见了就取笑说，沈从文的这信大约只能排为“癞蛤蟆 13 号”。

出于少女的羞怯心理，张兆和并没有将这件事情张扬出去。她的沉默，不但没有让沈从文退步，反而给了他希望和勇气，于是那情书便如狂风暴雨一般，携着不顾一切的勇气和热情向张兆和席卷而来。

“莫生我的气，许我在梦里，用嘴吻你的脚，我的自卑处，是觉得如一个奴隶蹲到地下用嘴接近你的脚，也近于十分亵渎了你的。”

张爱玲遇到胡兰成的时候说：“遇到他，她变得很低很低，低到尘埃里，但她心里是喜欢的，从尘埃里开出花来。”就如同现今的沈从文的感受一般，爱情使他变得很低很低，他从前看得比求生存还要重要的自尊，在张兆和这里，完完全全地失去了。

只是在爱情的面前，谁还在乎自尊呢？

沈从文的朋友徐志摩，写下那些最美的康桥的诗人，不同样也将他的一颗心一份爱融入到那深情厚谊的诗篇中，一首一首地送给他心中的女神林徽因吗？

爱情，将一个人变得卑微，却让他的爱变得圣洁和永恒！只是沈从文和徐志摩的遭遇毕竟还是存在着极大的差别。林徽因尽管拒绝了徐志摩，但她对于徐志摩是欣赏的，他曾经为这个男人付出过她的情感，他是她心中的人间四月天。然而张兆和对沈从文的拒绝，那完全是纯粹的拒绝。沈从文写去的信，她不但一封也没有回过，还对他的这种行为表现出了厌恶。

“黑凤”的冷漠让沈从文感到十分苦恼，他的心中甚至产生了极大的消极，他在张兆和的闺密面前哭诉他的一片深情，甚至扬言说，如果张兆和坚持拒绝他，他就只有两条路可走，一是刻苦向上，一是自杀。

老师沈从文寻死觅活的疯狂追求着学生张兆和这件事情在中国公学传得沸沸扬扬，张兆和感到了极度的烦恼，她并不愿意成为这些桃色新闻的主角，于是最终，她拿着沈从文写给她的那一沓情书去找了校长胡适，希望胡适可以出面，阻止这件事的进一步发展。只是张兆和没有想到，在听过她的陈述后，胡适却只是微笑着，带着这事不值得大惊小怪的神气对她说：“这也好嘛，他的文章写得蛮好，可以通通信嘛。”

这个结果是她完全没有预料到的。胡适劝她说：“他顽固地爱你！”然而张兆和却不客气地回答：“我顽固地不爱他！”

她这样坚决地表示着自己的意愿，不给沈从文一丁点的机会，胡适这个原本一心想撮合才子佳人的和事佬只得给沈从文写信劝说：“这个女子不能了解你，更不能了解你的爱，你错用情了。你千万要坚强，不要让一个小女子夸口说她曾碎了沈从文的心。此人太年轻，生活经验太少……故能拒人自喜。”张兆和的坚决拒绝和胡适的劝说，并没有冻结住沈从文内心的那股火热，他既然已经认定了这个女子，那就一直这样追求下去，他是一个绝对固执的人，就像他认定了自己在文学一途上的自我，就一直保留着这样的自我。

沈从文的情书还是一篇一篇地到达张兆和的手上。张兆和无从拒绝沈从文的来信，只好抱定你写你的，与我无干的态度，听任这事的自然发展。

就这样一直到了 1930 年，胡适预备离开中国公学。

第3节 “乡下人”，喝杯甜酒吧

因为沈从文实在不太会照顾自己的生活，所以胡适便对劝他说：“你还是去武汉大学，让凌淑华管管你的生活。”

于是这年秋天，沈从文离开上海，去武汉大学担任现代文学史的教学。他这一去，和张兆和便连面都见不到的，但尽管如此，他却也没有落下给她写情书这件事。沈从文在武汉大学待了一年左右的时间，又辗转去了山东青岛大学任教。这时候的沈从文对爱情的追求的态度已经发生了转变，不再寻死觅活和死缠烂打，只是将自己满腹的心事写在一纸红笺上，写成一首优美的乐章一样的情书，送到远方的“黑凤”手中。

“我希望我能学做一个男子，爱你却不再来麻烦你。我爱你一天总是要认真生活一天，也极力免除你不安的一天。为着这个世界上有我永远倾心的人在，我一定要努力切实做个人的。”

这个时候，沈从文的书信中已经透出了一股端庄和沉着，他好像已经明白了爱情的真谛：爱一个人，便是希望这个人能够过得好，同时希望自己能够得到升华，以配得上这个人！他在信中写自己再不会去给她增添麻烦，会认认真真地过每一天，会努力做一个实在的人。

沈从文的那些情书写得实在是好，每一篇都能当成一篇优美的文章去赏析，张兆和面对着纸上的那些动人心魂的句子，一遍又一遍地读过，她的心终于在漫长的敲击中裂开了一个口子。对沈从文的态度也有了微妙的变化。

“自己到如此地步，还处处为人着想，我虽不觉得他可爱，但这一片心肠总是可怜可敬的了。”她在日记中这样写道。

家里的姐妹被一个男人这般死心塌地地追求着，加上频率极高的情书的到来，于是大家都知道了沈从文这人，并且对这个深情的男人怀着十分友好的印象。

1932年复，张兆和从中国公学毕业，回到了苏州家中。

这个时候，沈从文还在山东青岛大学任教。此时他已经过了三十岁的年纪，业已小立，接下来就是时候考虑成家的事情了。从1929开始，这四年来他对张兆和的追求也到了一个该要迎接最终的结果的时候了。所以在那个暑假，沈从文乘着火车去了苏州。

那时候张兆和的父亲和继母住在上海，大姐元和也已经嫁人，苏州九如巷三号的房子里就只有张家二姐允和、四妹充和、五弟寰和以及排行第三的张兆和。沈从文去苏州看张兆和的时候给她写过一封书信，告知张兆和自己要到苏州来的事情，所以当他站在九如巷三号的时候，他以为张兆和至少应该来见他一面的，哪怕是说一些“你的信我看过了，那些话我全不懂。我以为你不必那么倾心，我不是你想象中那种人”这样的话，但他并没有见到张兆和的面儿，张家的人也都说不认识他，只告诉他张兆和在公园图书馆看书。

关于那次的探访，四妹充和在《三姐夫沈二哥》中这样写道：

……有一天，九如巷三号的大门堂中，站了个苍白脸戴眼镜羞涩的客人，说是由青岛来的，姓沈，来看张兆和的。家中并没有一人认识他，他来以前，亦并未通知三姐。三姐当时在公园图书馆看书。他以为三姐有意不见他，正在进退无策之际，二姐允和出来了。问清了，原来是沈从文。他曾写了很多信给三姐，大家早都知道。于是二姐便请他到家中坐，说："三妹看书去了，不久就回来，你进来坐坐等着。"他怎么也不肯，坚持回到已订好房间的中央饭店去了。

尽管有张允和的邀请，但沈从文并没有选择在张家坐着等待张兆和回来，想来是因为沈从文他自己实在不知道倘若进去等到了张兆和回来，那个他心心念念的女子，对他会是一番怎样的态度，所以干脆回了饭店去，好好考虑一番，再行动。

他这次来，本意是为着和张兆和摊开了说话的，但是等到真的临近的时候，难免要有几分心慌，毕竟这是他全心全意地爱着的女子，倘若这个女子最终还是不能接受自己的话，沈从文不知道自己该怎么办。

或许是沈从文一直爱着妹妹的举动到底是触动了张家的所有人，特别是那个从小就见义勇为更爱成人之美的张家二姐允和，所以沈从文的追求爱情的这条道路上又多出来一丝助力。张兆和从图书馆看书回到家后，张允和立即就劝她去饭店看沈从文。

这个时候的张兆和对沈从文已经没有了最初的那份反感了，或许是因为他不再是她的老师，或许是因为他单纯地爱着自己，一直爱了四年，或许是因为他已经懂得了用自尊的方式来爱她，那一封一封寄到她手中的信，让这个女子终于感动了。一颗情爱的种子其实早已经随着那不间断的情书，在她的心中发芽。所以当她从二姐的口中得知沈从文竟然真的从青岛过来看她了，一时之间，竟然也羞涩了起来，因为她早已从沈从文的书信中得知了沈从文这次过来，是抱着一种希望来的。面对着家人的打趣和劝她去饭店看沈从文的话语，她急忙地争辩道："没有的事！去旅馆看他？不去！"

张允和自然知道这个妹妹其实心中已经动了，只是小女儿家的矜持到底让她放不下脸来，也不知道见了沈从文该要说些什么，于是热衷于成就这段情缘的二姐一板一眼地教她："你去就说，我家兄弟姐妹多，很好玩，请你来玩玩！"

回到饭店的沈从文十分消颓，他的脑袋里很乱。一会儿又觉得委屈，自己坐了三十个钟头的火车，特意到苏州来看张兆和，为此还卖了一本书的版权去给她买礼物，但是却不想并没有见到人。他一会儿又有些恐慌，张兆和一定明白自己这次来苏州所抱有的希望，到时候她会怎么样呢？会觉得他是个实在讨人烦的人，然后想着法子应付吗？

倘若张兆和真的不答应他的追求的话，倘若她被他穷追不舍地表达自己的爱吓哭了呢？该怎么办？到时候，他真的敢说"你自己决定，或可或不可，当面做一个决断"吗？即便是他真的有勇气说出这一句话来，但是倘若张兆和依旧给出一个"不可"的回复，他又真的还能继续回答她"好，照你的意思办，这是你的自由嘛"这样的话吗？

沈从文在他的脑袋里一遍又一遍地想象着他们见面摊牌的那一刻，他做着最坏的打算，因为他在张兆和这里从来都没有感受到自信的滋味，在他的内心里，这一次做决断，张兆和多半是要选择跟他了断的。

爱情，真让人变得自卑。这个自卑的男人被自己想象出来的那些场景弄得心烦意乱，他实在是担心这些场景会变成真实，所以他拒绝二姐张允和的邀请，坚决地回到了这个饭店中，至少这样，倘若他这四年的追逐的结局真的如他所想象的那般，那么至少还能够来得迟一些，让他再残喘一些时间，假装自己还有机会。

正当沈从文胡思乱想之时，有人来敲门了。他起身打开房门，张兆和正站在门外，然后一板一眼仿佛背书似地说："沈先生，我家兄弟姐妹多，很好玩，请你去玩玩！”说完就没有了。

沈从文心头的那可石头“砰”地一下落了地，他之前想象中的那些纷乱，在现实中竟是这样简单。没有拒绝的话，没有眼泪，甚至还带着几分羞涩的，她请他到她们家玩。这件事情的结果，沈从文终于看到似乎是往他从不敢想的方向走去了。他跟着张兆和，带着途经上海时，听从巴金建议选购的一大包作为礼物送给张兆和的书籍，一同回到九如巷三号，去张家做客。

那一大包的书籍，全是英译精装本的俄国小说，有托尔斯泰、陀斯妥耶夫斯基和屠格涅夫等人的著作。这些著作全是托巴金选购的，另外还有一对书夹，上边装饰着两只有趣的长嘴鸟，看起来十分精致贵重。就是为了买这些礼物，沈从文卖掉了一本书的版权。

张兆和觉得这礼物太重了，所以退还了大部分书籍，只收下屠格涅夫的《父与子》和《猎人笔记》两本书。

沈从文一个文人，到张家其实也没有什么好玩的，一来张家的家长在上海，如果是与长辈谈话，他倒还可以说上一些，但张家现在除了五弟外，其他是三个女孩子，这让原本就不擅长交流的人更加不知道说什么了，只好给他们讲自己写的故事。至于张家人对沈从文的款待，便是张寰和从他每月两元零用钱中拿出一分，买了一瓶汽水。沈从文大为感动，当时就许诺：“我写些故事给你读。”后来沈从文写了以佛经故事为题材的小说《月下小景》，果然如他承诺的那样，每篇末尾都附有“给张家小五”字样。

张兆和既已知晓沈从文这次到苏州来是抱着怎样的打算的，而她又去请了沈从文去家里做客，不得不说意味已经十分明显了。沈从文的这一次苏州之行，得到了超乎他预期的惊喜，张兆和收下了他的礼物，他们之间的关系有了质的变化，张家姐妹和兄弟和他熟悉了，特别是得到了二姐张允和的支持和从中牵线，这一点令沈从文十分满足。

四年的时光，“顽固地爱她”的沈从文终于打动了“顽固地不爱他”的“三三”的心。

沈从文在确定了张兆和的心意后返回青岛的时候就写信给张允和，托她征询父亲对这件婚事的意见。同时又写信给张兆和说：“如爸爸同意，就早点让我知道，让我这个乡下人喝杯甜酒吧。”他这个时候，已经在张兆和的面前改称她的父亲为“爸爸”了，可见这件事情在两个人的心间已经被认了下来，只等着她父亲的意愿了。

张冀牖的思想十分开明，不论是教育还是婚姻上，都充分尊重女儿自己的选择，提倡“儿女婚事，他们自理，与我无干”的准则，只要张兆和喜欢，他也就没有什么意见。所以很快，张允和和张兆和就得到了父亲的明确意见，两人一起去了邮局，同时给沈从文发电。张允和的电报上，从自己名字上取了一个字：“允。”这封电报，被后来的人称之为“半个字的电报”。张兆和的电报则说：“‘乡下人’，喝杯甜酒吧。”

电报员觉得奇怪，问张兆和是什么意思，张兆和不好意思地说：“你甭管，照拍好了。”

沈从文收到这两份电报，心中充满了喜悦，到学期结束，他就穿了件蓝布面子的破狐皮袍动身赶去了苏州。与第一次不同的是，心里的那种彷徨和担忧通通都消失了，他坐在火车上，哪怕需要三十个小时的车程，也觉得这难熬的等待是那样的快乐。到苏州后，沈从文就拉着给一家人讲故事，直讲到大家都打了瞌睡，他还乐此不疲。

不久，沈从文由张兆和带着去上海看望她的父亲和继母。张兆和从来也没有带过男子到父亲的面前，这一次带沈从文去也就意味着这个女子已经做了嫁给沈从文的决定，只等父亲那里能不能中意沈从文了。所以，这一次看望，其实是一次“看郎”，对于沈从文来说，实在是人生第一大事。所以在见到张兆和的父亲张冀牖的时候，尽力地呈现着自己最好的一面。

早在这次拜访前，张允和和张兆和都很快得到了父亲明确的回复，同意了这一门婚事，

这个时候的沈从文已经比较有名气了，张冀牖对沈从文原本就从胡适那里了解许多，知晓他是一个澄澈没有手段的人，又对自己的女儿痴心了四年，这样的认知，让这位父亲十分高兴，两人谈话间非常愉快。

“乡下人”终于喝到了这杯甜酒，完成了这一场长达四年之久的追爱长跑，得到了那个在他最好的年华里，遇见的那个最爱的人。

第 4 节　湘行书简：我在船上总想到你

1933 年初，沈从文和张兆和之前的爱情追逐终于画上了句号，在得到了父亲的同意后，张兆和和沈从文订了婚，并且搬到了青岛，与沈从文还有小九妹沈岳萌同住，照顾沈从文的生活——沈从文是一个出了名的不会照顾自己的人。

在青岛大学任教期间，沈从文月薪就有一百元，加上他写文著书的稿费，这笔钱供他和九妹二人的花费是绰绰有余的，但事实并非如此，沈从文经常处于一个没钱的状态。他不会安排生活，每个月的钱一到手上，兄妹二人就上剧院去看电影，下馆子吃西餐，于是那本来看起来十分可观的工资很快就花得精光了，最为奇特的是这个大学老师常常半个月都没有饭钱。

沈从文连自己的生活都不会安排，自然也不晓得该如何安排九妹，于是九妹成天无所事事，她也没有去上学，因为家里并没有钱给她交学费。张兆和到青岛和他们同住，见到这兄妹二人的情形以及九妹那没有钱读书的话语，简直要哭笑不得了。她想起和沈从文到上海去见父亲时，他身上穿一件蓝布面的旧狐皮袍，衣襟上竟然满是油渍的情形，心里不禁起了怜惜之意。这个“乡下人”，实在太不知道如何管顾自己，身边正需要一个人替他照料一切。于是张兆和成了这个人，立即接手了持家的业务，照顾沈从文的衣食用度，又安排九妹去上学读书。

张兆和到青岛没有多久，沈从文就辞去青岛大学教职，带着她和九妹一起到了北平。这一次到北平，沈从文是应杨振声的邀请。1932年夏，杨振声接受了为华北学生编写中小学教材和基本读物的使命，辞去青岛大学校长职务的同时，也邀请沈从文一起去北平，沈从文答应在学期结束之后前往。

当时共谋这项教育大业的，还有朱自清等人，从1933年开始到1937年卢沟桥事变，这数年里，这些人一直紧密携手，从小学教材开始编订，循序渐进，又把编成的教材陆续带到师大附小去做实验，看效果。他们伏在案头，在沉默中，担负起育人的责任。

张兆和到北平，本来还想再读几年书的，但因为在此之前，两人已经和张兆和的父亲商定了结婚的时间，加之沈从文实在是太不会照顾自己的生活，所以张兆和读书的这个想法也就放弃了。

到达北平后，沈从文、张兆和以及九妹沈岳萌暂时居住在杨振声家中。有一天杨家的大司务拿沈从文换下的衣物去洗的时候，发现沈从文的衣物口袋中有一张当票，沈从文不在，大司务就把这张当票交给了杨振声——那是一张当戒指的凭证。

沈从文和张兆和的婚事也提上了行程，不过两人面临着的问题是十分严重的——沈从文身上没有钱。所以张兆和将自己一只纪念性的戒指，拿给沈从文当掉。

本来，张兆和结婚，家里是为她准备了钱的，她的二姐张允和结婚的时候，父亲就曾给了两千块钱的嫁妆支持，但是向家里要钱这个做法被沈从文拒绝了。他写信给张兆和父亲，表示结婚不要家里给钱。这个举动的确是让张兆和的父亲十分高兴，倒不是说可以少支出一笔钱，乃是沈从文的这种独立的精神，让父亲觉得女儿确实是找到了一个佳婿。而后，张兆和唯一的一份嫁妆是一本王羲之的《宋拓集王圣教序》，那是当年她尚在读书的时候因为成绩好，她父亲十分高兴，所以送了她作为奖励的。

沈从文或是因为确实想要独立地给张兆和一个婚礼，或许是因为“乡下人”的那点儿自尊，所以才做出了这样的承诺。然而承诺之后，他却忘记了他没有钱。

尽管他每个月的工资很高，撰文的收入也十分不错，但他从来都是拿到手上便花了出去，连当初去苏州看望张兆和，为她买那些英译的书籍做礼物也得要卖掉自己一本书的版权才能支付，可见他从来也不存款。一个没有存款的人，想要包办一场婚礼，还不要家里的资助，实在是一件不怎么容易的事。所以张兆和只能用当掉那只具有纪念意义的戒指，来成全两人的这个婚礼。

杨振声在得知这件事后，立即给沈从文预支了五十块钱的薪水，让他渡过这个难关。照他的话说：“人家订婚，都送给小姐戒指，哪有还没有结婚，就当小姐戒指之理！”照现在的话说，这也是一件十分不合理的事情。

1933 年 9 月 9 日，沈从文和张兆和在北京中央公园水榭宣布结婚。这一场婚礼，没有仪式，也没有主婚人和证婚人，办得极为简单。沈从文穿了一件蓝毛葛夹袍，张兆和穿了一件浅豆色绸旗袍。这两套衣服，还是张兆和的大姐在上海给他们赶制的。双方家中，张家在场的有大姐元和、四妹充和、大弟宗和及三叔晴江一家，沈家这边则有表弟黄村生和九妹岳萌，沈从文的母亲这个时节在湘西老家，因为病体的缘故并未北上。赶来祝贺的宾客，则大多都是沈从文文学界的朋友，以及在北方几所大学教书的时候结实的朋友。

沈从文和张兆和终于结婚了，于是自然要搬出杨振声的居所。他们将新居定在西城达子营。这一个小院落，有三间正房还外带一个小厢房，院子里有一棵枣树、一棵槐树，沈从文后来称它作“一枣一槐庐”。

尽管有了新居，但是新房内却没有什么布置，家徒四壁，空空荡荡。只有梁思成、林徽音夫妇送的一幅锦缎百子图罩单，才让这个房间显得有几分喜气，看得出是个新房。婚后，这个空荡荡的居所才被沈从文选购的书籍和收罗的一些陶瓷、漆器给逐渐填满。

沈从文这时和杨振声、朱自清等人编订中小学的教材，工作稳定，收入也十分稳定，加上张兆和对家里内务的打理，所以两人婚后的生活应该是幸福的。到1934年1月，沈从文收到家中来信，母亲黄英病重，看情形似将不起，很难熬过今冬。母亲很想再见上他一面，倘若这次不能回去，只怕再无见面机会。

沈从文收到这封信，立即启程回湘西。

从1922年离开故乡，至今已经有十二年的光阴，沈从文终于再一次踏上了凤凰这片偏远的土壤，回到阔别十余年的故乡。

这一次离开，共计一月有余。沈从文在和张兆和结婚之后，第一次离开她这么久，心中思念难忍，他感到躁乱，于是只能靠着一封一封的书信向张兆和倾诉爱恋。一个多月的旅途中，沈从文为张兆和写了三十五封家信，并附有十二幅速写。

我原以为我是个受得了寂寞的人。现在方明白我们自从在一起后，我就变成一个不能同你离开的人了。三三，想起你，我就忍受不了目前的一切。我想打东西，骂粗话，让冷气吹冻自己全身。我明白我同你离开越远反而越相近。但不成，我得同你在一起，这心才能安静，事也才能做好！

……

三三，我这时还是想起许多次得罪你的地方，我的眼睛是湿的，模糊了。我先前对你说过："你生了我的气时，我便特别知道我如何爱你。"我眼睛湿湿地想着你一切的过去！我回来时，我不会使你生气面壁了。我在船上学会了反省，认清楚了自己种种的错处。只有你，方那么懂我并且原谅我。

我就这样一面看水一面想你。我快乐，我想应同你一起快乐；我闷，就想你在我必可以不闷；我同船老板吃饭，我盼望你也在一角吃饭。我至少还得在船上过七个日子，还不把下行的日子计算在内。你说，这七个日子我怎么办？我不能写文章就写信。这只手既然离开了你，也只有这么来折磨它了。

为了只想同你说话，我便钻进被盖中去，闭着眼睛。你听，船那么"呀呀"地响着，它说："两个人尽管说笑，不必担心那掌舵人。他的职务在看水，他忙着。"船真的"呀呀"地响着。可是我如今同谁去说？我不高兴！

梦里来赶我吧，我的船是黄的。尽管从梦里赶来，沿了我所画的小镇一直向西走。我想和你一同坐在船里，从船口望那一点紫色的小山；我想让一个木筏使你惊讶，因为那木筏上面还种菜；我想要你来使我的手暖和一些。我相信你从这纸上可以听到一种摇撸人的歌声，因为这张纸差不多浸透了好听的歌声！

一切声音皆像冷一般地凝固了，只有船底的声音，轻轻地轻轻地流过去。这声音使你感觉到它，几乎不是耳朵而是想象。这时真静，这时心是透明的，想一切皆深入无间。我在温习你的一切。我称量我的幸运，且计算它，但这无法使我弄清一点点。为了这幸福的自觉，我叹息了。倘若你这时见到我，我就会明白我如何温柔！

一切过去的种种，它的结局皆在把我推到你的身边和心边，你的一切过去也皆把我拉近你的身边和心边。我还要说的话不想让烛光听到，我将吹熄了这只蜡烛，在暗中向空虚去说！

沈从文的《湘行书简》完全可当做优美的散文集来读，每描写一个地方，都似乎是将湘西的某处美丽绘在纸上，用作者的心做画家手上的笔，把那一幕的美通过文字展现在人的面前。在这些书信中，沈从文叫张兆和“三三”，张兆和叫他“二哥”。多么亲昵的称呼，也只有如沈从文这般怀着一颗赤子之心的人才能让这一声“三三”的昵称带上几分流连于心中的缠绵和眷恋。

这一次的书信，张兆和也愉快地回了，于是沈从文的心静了，每到一处，则必然要写上一封信，或是介绍那处的风情物种，或是表达自己的情感。

张兆和担心他在外不会照顾自己，于是有了这样的回复：“长沙的风是不是也会这么不怜悯地吼，把我二哥的身子吹成一块冰？为了这风，我很发愁，就因为我自己这时坐在温暖的屋子里，有了风，还把心吹得冰冷。我不知道二哥是怎么支持的。”

沈从文安慰她说：“三三，乖一点，放心，我一切好！我一个人在船上，看什么总想到你。”又说：“风大得很，我手脚皆冷透了，我的心却很暖和。但我不明白为什么原因，心里总柔软得很。我要傍近你，方不至于难过。”

那些缠绵于两人心中、温暖他们那颗因为彼此分离而寒冷的心的往来书信，后来被集结出版，成为《湘行书简》，诉说了一对恋人分开的一月时间里，忍受着的那些煎熬的日夜，以及彼此之间的思念。

在沈从文和张兆和确定恋爱的时候，张兆和曾经问过沈从文：“为什么有好多很好看的女人你不麻烦，却老是缠着我？我又不是什么美人，为人老实不中用，实在很平凡。”沈从文回答说：“美是不固定无界限的，凡事凡物对一个人都能够激起情绪、引起惊讶、感到舒服就是美。我认识许多女子，但能征服我、统一我，只有你有这种魔力和能力。”

倘若，爱情能够定格在这个最美丽的时期，那将是多么幸运的一件事。在两个人年华都正好的时候，在两个人的情意都如此浓厚的时候，戛然而止。倘若能够这样，这便成了西方童话中的那些美丽的故事。

然而现实终究不可能如童话一般停笔在最完美的时候，王子和公主的后续，并没有读者想象的那样完美。

1937年，抗战爆发，北平形势严峻，为了降低风险，两人暂时分离，等到了南方再聚。这个时候，沈从文依旧给张兆和写信，但信的内容已不复《湘行书简》时尽是缠绵思念，这个时候更多的是对生活的抱怨，和对爱情的猜疑。沈从文觉得，张兆和分明有许多机会离开北平去和他相聚，但她总是故意错过，沈从文开始怀疑，张兆和是不是根本不爱他。面对沈从文的怀疑，张兆和感到失望。

两人终于在昆明重聚。或许在昆明的那几年，是两人心灵比较接近的几年，尽管沈从文那时候收入极其低下，面临着吃不饱饭的困难，住所也十分破旧甚至快要坍塌，以至于下大雨的时候，一家人不得不坐在外边儿，以防那衰败的房屋突然倒了。到新中国成立，张兆和积极加入到建设中，沈从文被批为“桃红色文艺家”“反动派”，沈从文不能理解做文学为什么一定要向政治靠拢，张兆和也不理解沈从文为什么不积极向党组织靠拢，两人间又产生了隔阂，甚至已经有人劝说张兆和干脆甩开沈从文。再后来，沈从文的生活几乎全在被打压和颠沛中度过，两人分隔两地，重聚之后，沈从文又一直遭受病痛的折磨，到1988年5月，沈从文去世，这个一心爱着张兆和的男人，终于不用再担心他的爱人会离开他、去过她自由的生活了。

沈从文与张兆和这一对夫妻，在那个特殊的年代里竟然能够携手白头，这在当时为许多人艳羡的，然这段外人眼中美满的婚姻，在处在其中的两个人心中，滋味实在复杂。

他们两个，一个被浓浓的自卑包裹着，担心张兆和会爱上别人；一个实在不懂他的这种自卑，无法理解他心中的矛盾……

很多年后，张兆和曾写过一段话——

“从文同我相处，这一生，究竟是幸福还是不幸？得不到回答。我不理解他，不完全理解他。后来逐渐有了些理解，但是，真正懂得他的为人，懂得他一生承受的重压，是在整理编选他遗稿的现在。过去不知道的，现在知道了；过去不明白的，现在明白了。”

但是，“……太晚了！为什么在他有生之年，不能发掘他，理解他，从各方面去帮助他，反而有那么多的矛盾得不到解决！悔之晚矣。”

张兆和终于懂得了沈从文，但沈从文却已经不在这世上，时间，不会给他们重头来过的机会。

第五章

劫难——书生留得一分狂

第1节 记胡也频：生离与死别

1929年至1933年的这段时间，沈从文的所有思想似乎都被爱情所占据了，他疯狂地爱着张兆和，疯狂的给她写书信，在一次又一次的不理会和打击下，执着地坚持着自己内心的那份感情。看起来，沈从文似乎已经将自己所有的时间都用到了这个女子的身上。

但爱情终究不是一个人的全部，在这一段时间中，友情也占据着沈从文的一部分生活。胡也频和丁玲，这两个陪伴着他度过那段最艰难的创作初期的知己，在这个时间段里，竟然一个与他生离死别，一个与他分道扬镳、断情绝意；还有那个最初欣赏他助他良多的朋友徐志摩，亦在这个时间段内，消失于这个人世间。

在《红黑》和《人间》办刊失败后，沈从文、胡也频和丁玲三个人都背负了债务，不得不去谋一份差事，沈从文就由徐志摩的介绍去了中国公学当讲师，胡也频也由人介绍到济南去教书，于是在1930年初动身去济南，很快，丁玲也赶到济南去汇合。

然而在当年的5月份，胡也频和丁玲却突然回到上海，住在环龙路的一间公寓里，沈从文去看他们俩的时候，胡也频和丁玲告诉他二人之所以离开济南，是因为济南那边风潮闹得太厉害，他们不愿受人利用，又不愿让人暗算，所以选择了离开。而后胡也频又单独和沈从文说起他们回来的这番经历，简直可以称得上是“逃”回来的。沈从文不知道为什么只是为了不掺入风潮里，却需要他们逃回来。直到后来好几天，他才从旁人那里听说，胡也频和丁玲在济南教书的时候，受到了马克思主义思潮的影响，与教育当局斗争，后来又在当年五四青年节的时候，举行了一场声势浩大的活动。这场活动因为闹得太大，超出了文化的界限，成为了一场政治活动，所以胡也频被当局通缉，下令要抓他。为了逃避抓捕，胡也频只好和丁玲逃回了上海。

关于这件事情，丁玲后来有一段十分详细的记述：

……等我到济南时，也频完全变了一个人。我简直不了解他为什么被那么多的同学拥戴着。天一亮，他的房子里就有人等着他起床，到深夜还有人不让他睡觉。他是高中最激烈的人物，他成天宣传马克思主义，宣传唯物史观，宣传鲁迅与雪峰翻译的那些文艺理论，宣传普罗文学。

我看见那样年轻的他，被群众所包围的信仰，而他却是那样稳重、自信、坚定，侃侃而谈，我说不出的欢喜，我问他："你都懂吗？"他答道："为什么不懂得？我觉得要懂得马克思也很简单，首先是你要相信他。同他站在一个立场。"

……后来他参加学校里的一些斗争，他明白了一些教育界的黑幕，这没有使他消极，他更成天和学生们在一起，有些同学在他的领导下成立了一个文学研究会，参加的有四五百人，已经不是文学的活动，简直是政治的活动，使校长、训育主任都不得不出席，不得不说普罗文学了。

我记得那时 5 月 4 日，全校都被轰动起来了，一群群学生到我们家里来，大家兴奋得无可形容。事情闹大了，大家感到了问题的严重。这时，校长张默生给胡也频送来了路费，并说，省政府已下令通缉他，要他赶紧离开济南。

对于这件事情的发生，沈从文并不感到惊讶，因为在此之前，胡也频已经表现出了他对于文学为政治服务的这种思想。

胡也频和丁玲回到上海后，没过多久就加入了中国左翼作家联盟——中国共产党于20世纪30年代，国内革命战争失败之际，在中国上海成立的一个文学组织，提倡和发展无产阶级文学，让上海的左翼作家们团结起来，共同与国民党反动派做斗争，简称“左联”。“左联”的旗帜人物是鲁迅。

胡也频在济南的时候就已经在学校里宣传鲁迅的文学思想理论，以及普罗文学，普罗文学即是无产阶级文学。所以这一次返回上海后，自然不会错过加入“左联”的机会，并且被选为执行委员，担任工农兵文学委员会的主席。他既已和丁玲加入到“左联”中去，对于一直引为知己的沈从文，自然也极其希望他同他们一样，加入到其中去。

然而，沈从文对于文学一直都处于坚持文学的“本身”的这样一个态度，对于“左联”，他并没有什么特别的想法，他也不想要自己的文字成为搞政治的利器，成为插入敌人心脏中的一把尖刀。他不过是单纯地爱着那写在纸页上的一个个有着形状的字，以及那些字所组成的句子，和句子所连成的一幅幅美丽的带着他的文学理想的画面。

沈从文拒绝了胡也频的邀请，他固执地要走他自己那条“独立”“自由”的路。他对胡也频说：“文学方向的自由正如职业选择的自由一样，在任何拘束里我都觉得无从忍受。我却承认每一个作家，都可以走他自以为正当的途径，假若这方面不缺少冲突，那解决它、证明它的是非得失，还应当是他的作品。”

“尽管我从来不觉得我比那些人有丝毫高尚处，而且居多还感觉到自己充满弱点性格的卑微庸俗，客人很难和另一种人走同一道路。

我主要是在任何困难下，需要充分自由，来使用我手中这支笔。”

他在《记胡也频》一文中也对自己下了这样一个定义。看着胡也频被另外一种思想渐渐地改造，沈从文知晓，他、胡也频、丁玲，在他们这三个在苦难中一直相互扶持的朋友间，终于出现了一条无法跨越的鸿沟，他们彼此间再也无法从各自的行为或思想上去相互理解。

……这个人每日所需要的粮食，已和我的稍稍不同了点，或者这仍然应说是那个南方人性格的特征，耳朵所听到的，眼睛所见到的，有了一些新的机会，给他一些新的注意，因为另外一些营养，显然的，慢慢的在改造这个灵魂，表面上消瘦了许多，灵魂却更健康许多了我常常心里想：这个人比我年轻了许多，光阴在摧毁我，却成全这个人。

1930 年，胡适离开中国公学，于是建议沈从文去武汉大学找凌淑华照顾他的生活，于是这年秋天，沈从文离开上海，去了武汉。沈从文在武汉的这段时间，与胡也频之间的联系并没有中断，胡也频也一直劝说沈从文“想一点像比文章还切实一点的事情”。

1931 年 1 月，在学校放寒假期间，沈从文回到上海。

这时胡也频已经加入中国共产党，还被推选为全国苏维埃区域代表会议的代表。丁玲生下了他们的儿子，有两个月大了。因为当局大肆在上海搜捕红色政权，胡也频不得不时常搬家，于是找到了沈从文借钱。

1 月 17 日中午，胡也频来到沈从文住处。除了和沈从文说白色恐怖的事情外，还谈及了想要成立一个和作家协会相似的机构的事，他希望可以组成一支与商人对抗的力量，以争取作家的权益，并指导和监督向国际文化发展的工作。对于胡也频的这个期望，沈从文并不抱多大的希望，他劝说胡也频：“作家中龙蛇不一，人心难齐，成立机构并不是一件容易的事情，希望太大，到时候又要落空。”

胡也频正兴致勃勃，沈从文却一盆冷水泼过去，胡也频当下就激动了：“干吗你知道做不好？希望大一点不妨碍事业的完成。做不到的我们总要去做，没做过的我们去试试做做看，这是应当的。用较生疏的较艰难的事，来训练我们的组织协作能力，即或失败，也比因为畏难苟安地保持现状好些。何况我们又明明白白知道保守现状太吃亏了一点，希望政府同希望商人同样是不可能的事，那么，我们的事，我们自己不来办，谁还来办？中国现代文学的局面，既然是几十个人撑持到它，因为本身的艰难，不由我们自己来解决，还等到另一个时代的人来为我们呼冤，这种做人的态度，也是不合理的。我们不是为我们自己打算，需要一种使个人权利保障稳固一点的组织，我们为时代稍后力量较弱的人，也应当打算一下，做一点对他们有益的事情。”

沈从文看着胡也频那张消瘦的脸，说不出话来。他想起好友为了他的那份坚持，一直生活在水生火热之中，这是胡也频的理想，他做得那么认真的事，他不能对那提出什么意见。只是在沈从文看来，终究还是觉得：“你也许比我‘做得认真’，我也许比你‘想得透彻’。”

”两人谈了许久，后来因为一个同事约沈从文吃饭，所以到中午的时候两人就分别了。胡也频这时的生活过得实在辛苦。他在这年3月份的时候在《日出》上发表了一篇《光明在我们前面》，宣传马克思思想，杂志被国民党当局扣下不说，胡也频和丁玲的稿件也被审查，因为他们的稿件都是有“问题”的，所以这半年间，两个人都没有文章发表。尽管胡也频已经被推选为全国苏维埃区域代表会议的代表，但这并不能解决他在生活上的问题。加上为了躲避当局的抓捕，胡也频和丁玲两个人又要时常搬家，生活情况就更加不好。沈从文再见到这个好友的时候，他不能理解胡也频在政治上的见论，只能把自己刚做好的一件海虎绒棉袍让他穿上，然后借一些钱财给胡也频，让他在生活上不至于太过糟糕。

胡也频租房的房东的儿子在白色恐怖下死了，他这次来找沈从文还有一件事，就是为这个死去的青年想一副挽联，下午的时候去他那里写。然而等沈从文赴了同事的约后，前往胡也频那里写挽联的时候，胡也频还没回家，等到晚上再去的时候，胡也频仍然没有回来。一种不好的预感在沈从文的心头滋生，他等到了深夜，然后怀着这种不安一步一步往自己的住处走。没想刚回到住处，就急匆匆走来一个穿着破烂的老头，说自己是管监的，受胡也频之托，来送信的，并随手递过一张胡也频亲笔写的便条：

我因事到××饭店，被误会，请赶快与胡先生商量，保我出来。

胡也频被捕了。

原来那天在和沈从文分手后，他去参加中共江苏省省委负责人何梦熊主持召开的会议。然而这场会议早已被国民党军警察觉，江苏省省委全体成员以及包括胡也频在内的中国现代文学史上著名的“左联五烈士”全部被捕。

沈从文接到胡也频递出来的便条已经是深夜了，第二天一大早就去找了胡适，和胡适一起想办法。原本是不想要丁玲担心，但沈从文和胡适并没有想到办法，到晚上的时候也只能将消息告诉丁玲。而后找到其他朋友商量营救办法，最后决定请身处在国民党内的蔡元培想办法放人。

沈从文带着胡适和徐志摩写的信，一个人去到南京交给蔡元培。然而这个时候，蔡元培在国民党内已经无从说话，沈从文只好又找到部力子，事情并没有什么结果，沈从文只能返回上海。而后又与丁玲二次到南京，通过熟人斡旋，沈从文终于见到了国民党当权要员陈立夫。

逮捕胡也频等人虽然是由国民党军统特务经办，陈立夫属于中统，但就这件事，自然不会帮助沈从文，还反过来劝沈从文到国民党中宣部做事。陈立夫这里没有走通，沈从文和丁玲无功而返，已经没有其他的办法了，连律师都婉言谢绝了这场官司。

胡也频这件事的性质，已经远远地超出了沈从文能够解决的范畴，眼见着已经想了各种办法，但依旧不能把人救出来，两人也知道，人多半是救不出来了，他们只能在探监的日子，一大早赶到龙华监狱去看一看胡也频。

探监那日，丁玲穿着一件灰布棉衣，带上一包食物和衣服，凄惨惨地等候着进去。但因为也频是政治犯人，监狱那边并不允许他们进去。沈从文和丁玲好不容易趁着人多的时候涌了进去，但到最后关卡的时候，终究还是被拦了下来。因为闹得动静有些大，胡也频在牢房中已然听到，他便出现在小铁门口，但只是与两个最亲近的人见了一面还没有来得及说话，就被推走了。

2 月 7 日，胡也频被国民党当局秘密枪杀于龙华。

几天后，沈从文得到了胡也频的死讯。他没想到，监牢中的那一面，竟然是他们二人的永别！而胡也频最后和他说的话是要去为房东的儿子买那写挽联的白幡，最后的书信却是胡也频让那个监管老头送给他的求救的便条。

胡也频被捕后，丁玲就被接到了朋友处，后来又被沈从文接到自己家中，她的处境已经十分危险，于是决定把那个才一岁左右大的孩子送回湖南给母亲抚养。4 月初，沈从文借了一笔路费，送丁玲回湖南，路上躲过重重盘查，终于到了丁玲家中，而后又陪同丁玲回到上海。同年八九月间，沈从文怀着对知己亡故的沉痛哀思，写下了长篇回忆散文《记胡也频》：

……一个活人，倘若他愿意活下去，他应当想到，是这个人怎么样尽力来活，又为了些什么因缘而死去。他想到那些为理想而活复为理想而死去的事，他一定明白“镇定”是我们目下还活着的人一种能力，这能力若缺少时，却必需学习得到的。一个人他生来若就并不觉得他是为一己而存在，他认真的生活过来，他的死也只是他本身的结束，一个理想的损失，在那方面失去了，还适宜于在另一方面重新生长，儿女的感情不应当存在于友朋之间，因为纪念死者并不是一点眼泪。我觉得，这个人假若死了，他的精神雄强处，比目下许多据说活着的人，还更像一个活人。我们活在这个世界上，使我们像一个活人，是些什么事，这是我们应当了解的。

第 2 节　丁玲事件：朋友终分道

胡也频的事发生的时候，沈从文因放假从武汉大学回到上海，但为了营救胡也频，四处奔波，后来又帮助丁玲料理后事以及送她和胡也频的孩子回湖南，虽然在此之前他就已经写信去学校申请假期延长，但回去的时候学校开学已经有些时日了，沈从文也就不再去学校，留在上海继续写作。

1931 年秋，正在青岛大学做校长的杨振声向沈从文发出邀请，请他去重执教鞭，沈从文于是从上海去了青岛。1932 年的暑假，沈从文在去苏州看望张兆和的时候，中途先去了上海一趟，除了给张兆和买礼物外，还去看望了丁玲。丁玲已经和曾担任过史沫特莱秘书的冯达同居了。对于冯达，沈从文一直没什么好感，在从前的时候，胡也频就因为丁玲和这人走得太近，两人间爆发了一次大争吵，直接闹到要分手的地步，沈从文都劝不住。丁玲和冯达走到一起，沈从文自然说出了自己的看法，认为他们之间并不一定会有真正的爱情，不过丁玲解释说自己已经是个过来人，将这些都看淡了。

自这一次见面后，到丁玲被捕，再到 1934 年她出狱沈从文去南京探望，中间这几年，两人再也没有见过面，也没有了联系。

虽然胡也频因选择了一条与当局相对立的道路而遭到了迫害，丁玲却继承了他的理想，继续行走在这条路上，全身心投入左翼文学运动。1933 年 5 月 14 日，与丁玲同居的冯达被国民党特务逮捕，随即供出了丁玲的地址。同日，丁玲在上海寓所和潘梓年一道被秘密逮捕，不久就和冯达一起被转移到南京囚禁。

因为丁玲左翼文学的成就，她失踪的消息很快就被上海、北平、天津的报刊报道出来。沈从文从报纸上看到这个消息，然后又收到了上海的朋友的来信，终于证实丁玲确实是失踪了。沈从文想起了三年前的胡也频，他不知道丁玲最后的结果会不会和胡也频一样。尽管这个时候他们之间已经不再联络，但是七年的友情让这个作家在丁玲失踪十一天后，愤怒地拿起笔，写下《丁玲女士被捕》一文，公开发表在6月4日出版的《独立评论》上：

丁玲女士只是一个作家，只为了是一个有左倾思想的作家，如今居然被人用绑票方法捕去，毫无下落。政府捕人的方法既如此，此后审判能不能按照法律手续，也就不问可知了。国民党近年来对于文艺政策是未尝疏忽的，从这种党治摧残艺术的政策看来，实在不敢苟同。像这种方法行为，不过给国际间有识之士一个齿冷的机会，给国内青年人一个极坏印象，此外就是为那政策散播一片愚蠢与不高尚的种子在一切人记忆中而已。

如今丁玲女士究竟押在何处，所犯何罪，也不明白。

且据传说，则其人又有业已为某方害死的消息。这传说我希望它不是事实，但政府也应当用别的方法证明，这是个不实谣言，且应当即刻公开审讯。人若当真已死去，活埋也好，缢杀也好，仿照别一处处治盗匪方法套石灰袋也好，政府既只知道提倡对于本国有知识青年的残杀，所用方法即如何新奇，我也绝不至于因其十分新奇，另外提出抗议，因为每个国家使用对知识阶级的虐杀手段时，行为的背后，就包含得全个的愚蠢，这种愚蠢只是自促灭亡，毫无其它结果。

在极愚蠢的政策下，死者死矣。然若果稍能自强不息，知对现状有所不满，敢为未来有所憧憬的作家，皆如此一去无踪，生存的，则只剩下一群庸鄙自熹之徒，当全个民族非振作无以自存的时节，还各装模作样，以高雅自居，或写点都市文明浮面的光影，或填小词造谣言以寄托其下流感情，佯充清流，以文学作消遣，于政府各官办刊物中，各看手腕之修短，从所谓党的文艺政策下，会计手中攫取稿费若干，无事便聚处一堂，高谈希腊、罗马以送长日。即由此上海小有产者与小游民兴味与观念，支配国内年轻人兴味与观念。政府于积极方面既杀尽有希望作家，于消极方面，则由政府支出一部分金钱，培养这种困汉游民，国家前途，有何可言！

这一篇文，由对丁玲被以一种绑票似的方法被抓捕，既不告知下落也不公开审理开始，谈到了国家那“愚蠢”的政策和灰暗的前途，悲愤之情跃然纸上。沈从文一贯坚持做自己的文章，不掺杂任何政治因素，但因为丁玲，却是破开了这个固执，用笔杆子做了一回武器，直指国民党政府秘密逮捕屠杀进步作家。

丁玲失踪，社会各界谣传纷纭，扑朔迷离，一方面说丁玲已经被杀害，一方面却造谣生事，诬陷丁玲和一个姓马的特务在莫干山同居。沈从文十分痛恨这些谣言，于是《丁玲女士被捕》一文刊出当日，又写下《丁玲女士失踪》一文，在文中，沈从文愤怒地写道：

为这件事抗议的作家，人已不少，其他暂时沉默的，也正在等候政府一个合理的处置。这个人不能用“失踪”作为结论，她若因此失踪，我的预言是，将来还会有若干作者，相信除了年轻人“自卫”且指示自卫方法外，别无再好的话可说。

上海文化界知名人士联合发起了营救丁玲和潘梓年的活动。每一次活动，沈从文必然参与，不想杨杏佛却因为营救这件事遭到国民党特务的暗杀。同时，丁玲已经被杀害的消息也在报纸和社会上传开。营救的人尚且被暗杀，丁玲本人被杀害这个消息也就显得是那样的合理，在众口一词中，沈从文不得不相信，丁玲确实追随着胡也频去了。随后，沈从文创作了一篇以丁玲死难消息为背景的纪实小说——《三个女性》，以寄托对死难朋友的哀思。沈从文对丁玲的辩护，引起某些人士的攻击和谩骂，并且在小报上编造沈从文和丁玲的谣言。

7月，沈从文又写下长篇回忆文字《记丁玲女士》，并在《国闻周报》上连载。然而到1934年《记丁玲女士》结集为《记丁玲》，交上海良友图书印刷公司出版时，却遭到国民党中央宣传部图书审查委员会的严重删减。

《记丁玲》出版的当天，鲁迅在致赵家璧的信中，这样写道：

《记丁玲》中，中间既有删节，后面又截去这许多，原作简直是遭毁了。以后的新书，有几部恐怕也不免如此罢。

与社会谣传相反的是，事实上丁玲并没有被杀害，她被秘密囚禁在南京。后来因为丁玲为国民党作证自己只是“回家养母，不参加社会活动，未经过什么审讯”，所以监管也就没有从前那般厉害了。

1936年1月，丁玲开始在《大公报》《文季月刊》上发表文章，当时沈从文正好是《大公报·文艺》的顾问，所以丁玲的文章一到，她所在地址也就被沈从文知晓了。不久后，沈从文去了南京苜蓿园探望丁玲。这是他自1932年与丁玲见过一面后，这几年来的第一次相见。原本，沈从文在丁玲的这次事件上出力良多，念着这份情谊，丁玲也该十分感激沈从文，然而事实并非如此——在丁玲的心里，对沈从文却十分介怀。

沈从文也来这里看我了，但我们两个人的心里，都隐隐有一点芥蒂。原来在1933年我被秘密绑架后，社会上传说纷纭，国民党却拒不承认。“左联”同志不能出面，为营救我，想方设法托王会悟和他商量，拟用他的名义，把我母亲从湖南接到上海来，出面同国民党打官司，向国民党要人……沈从文还写了一篇短文，题为《丁玲女士被捕》，抗议政府当局的非法，为我鸣不平……但发表时，刊物编者胡适写了一则附记，“排成后，已校对上版了，今日得着上海市长吴铁城先生来电，说‘报载丁玲女士被捕，并无其事。此间凡关于一切反动案件，不解中央，即送地方法院。万目睽睽，决不敢使人权受非法摧残’。此电很使我们放心。因版已排成，无法抽出此文，故附记此最近消息于此，以代更正。”……沈先生这时回信给王会悟说，丁玲并未被捕，而且她同我早已没有来往了。此后1934年他返湘西，路过常德，住在第二师范学校，有师生建议他应该去看一看我母亲，但他不去……

丁玲所说的这两件事，一件是沈从文跟别人说她并没有被捕，和她没联系；一件是沈从文不愿意接她的母亲到上海去和国民党打官司，后来路过常德的时候，也不去看她的母亲。这两件事，均由第三人转述，丁玲信了。但事实究竟如何，没有人清楚。只是如果沈从文真的相信了吴铁城说丁玲没有被捕的电报，那么当日就不会再写《丁玲女士失踪》一文，驳斥国民党上海当局否认逮捕丁玲。

如果说，沈从文不愿以自己的名义写信要丁玲母亲来上海是出于沈从文的“胆小、怕受牵连”，又何来《丁玲女士被捕》等文章？又何至于在营救丁玲活动中署名？难道后者的风险比前者要小？至于路过常德不去看望丁母事，丁玲说是母亲转述的，而丁母又是听第二师范学生转述的。

在纪实性散文《湘行散记》里，沈从文叙述他那次路过常德时，是住在那个戴水獭皮帽子的朋友曾芹轩的旅馆里的。而这次返乡的原因，是沈从文母亲病危。到凤凰后，沈从文在家里只住了三天，便匆匆返回北平。过了不久，沈母即病逝。即便有第二师范学生要沈从文去看丁母事，沈从文因急于返乡探望病危的母亲，而未能去看望丁母，从人情上也说不上有“人情冷暖，世态炎凉”之嫌。既然不怕牵连来看望仍被软禁的丁玲本人，难道还怕因看望丁母受牵连？至于说沈从文对丁玲心存芥蒂、不大自然，似乎也出于丁玲的主观感觉。既然心存芥蒂，又何必老远跑来自讨没趣？人世极为复杂，这些自然都是些难以索解之谜，只能交付后来者根据各自的人生经验去判断了。

然而，终因丁玲心存的“芥蒂”——无论起自何时，基本上埋葬了她与沈从文的友谊。沈从文与胡也频、丁玲的友谊，实在是中国现代文学史上动人的一页。我们惋惜这一友谊的终结。可是，一种友谊的维持与了结，原是当事双方的权力，是不能勉强，也无可奈何之事。历史以它自身的固有逻辑，将这友谊最终撕毁给人看，本不足奇。然而，若从深处咀嚼这种变化，却不免勾起人们淡淡的惆怅和无言的叹息。

第3节 一场“海派”与“京派”的论争

1933年9月9日，沈从文和张兆和结婚，在这件喜事过后的一个月，沈从文却被卷入了一场论争中。

沈从文一直固执地追求文学自身的独立性，他认为一切依附外部力量或者追求功利都是在破坏文学独立性，而这种破坏文学独立性的现象大体上可以归纳为文学的政治化和商业化。前者使文学丧失自身的价值，成为政治的依附，后者则放弃了作家应有的社会责任。他是不赞同这两种文学观的。

沈从文的这种文学独立的思想，早在他与胡也频、丁玲办《红黑》的时候就在发刊词上阐述——办的是一份纯粹的文学的报纸。不过由于当时的沈从文在文坛上并没有什么地位，所以他的这个思想也并没有引起关注。但到1933年，随着他在文坛上地位的上升，并被视为北方作家的代表人物，对于他这个夹在左、右两种文学势力之间的观点，大家也就重视起来了。

这一场论争最开始是由于当年10月，沈从文在《大公报·文艺》上发表了《文学者的态度》一文，指出文坛上存在的一种不良风气：

一些从事文学者以“玩票”“白相”的态度从事写作，其意却不在文学。一方面，他们对写作缺少严肃认真态度，一方面，对自己的作品又作文自吹或相互捧场，“力图出名”“登龙有术”。这类人“在上海寄生于书店、报馆、官办杂志，在北平则寄生于大学、中学以及种种教育机关中。这类人虽附庸风雅，实际却只与平庸为缘”。由于这类人“实占作家中大多数”，败坏着文坛风气，以至想望中国产生伟大作品，实近于幻想。真正有志于文学事业的年轻人，应从这种态度中摆脱出来，在“厚重，诚实，带点儿顽固，而且带点儿呆气的性格上，做出纪念碑似的惊人成绩。”

这篇文章发表后，立即引起身居上海的杜衡的不满，立即为“海派”辩护，认为沈从文这是不问情由，一笔抹杀，有失公道。

针对杜衡的指责，沈从文于1934年1月写了《论“海派”》一文，将“海派”定义为“‘名士才情’与‘商业竞卖’相结合”，并引申为“投机取巧”、“看风使舵”，如当时的曾今可等人。还进一步明确将“茅盾、叶绍钧、鲁迅，以及大多数正在从事文学创作杂志编纂人（除吃官饭的作家在外）”，排除在“海派”之外。同时指出，“海派作家与海派作风，并不独独在上海一隅”，在北方也同样存在。

沈从文与杜衡两人间的争论，很快引起了京、沪文坛的关注。

2月3日，鲁迅在《申报·自由谈》上，发表《“京派”与“海派”》一文，指出杜衡对沈从文本意理解的不正确：“京派”与“海派”“并不指作者的本籍而言，所指的乃是一群人所聚的地域”，而后将原先的争论引申到地域上来。要而言之，不过“京派”是官的帮闲，“海派”则是商的帮忙而已……而官之鄙商，固亦中国旧习，就更使“海派”在“京派”的眼中跌落了。

因为鲁迅的插手，并且将这场论争引到了“官”的问题上去，认为沈从文完全是“官的帮手”，一时间引起了文坛的争论。彼时，沈从文正接到家中母亲重病的消息，返回湘西老家见母亲最后一面，这一去有一月之久，等回到北平的时候才知道“京派”与“海派”问题的争论在文坛里爆发得十分激烈，各大报纸上都有相关论述。只是，当沈从文逐个看完那些论述后，十分失望。他指出“海派”的问题，本意上是想要消灭文坛上的一些不良作风，不料文章却被人断章取义、插科打诨，拿其中的一些问题展开论述，已经完全脱离了他原本的目的。看到目前的这番情形，沈从文只能写下《关于海派》一文，宣布放弃这种论争。

不久，当局在上海查抄禁书一百四十九种，这些书多是左翼作家著译的。对于这件事情，持批判态度的沈从文写了《禁书问题》，里边说：

就三四年来上海方面作家所遭遇的种种说来，在中外有识者印象中，所留下的恐怕只是使人对于这个民族残忍与愚昧的惊异，其他毫无所得。如目前这个处置，当局诸公中，竟无一人能指出它的错误，实在是极可惋惜的事情（我想特别提出的，是那些曾经从轰轰烈烈的五四运动的过来人，当前主持文化教育的当权派）。

当局方面对于青年人左倾思想的发展，不追求它的原因，不把这个问题联系到“社会的黑暗与混乱”、“农村经济的衰落”及其他情形考虑，不对于他们精神方面发展加以注意，不为他们生存觅一出路，不好好的研究青年问题，就只避重就轻，把问题认为完全由于左翼文学宣传的结果，以为只需要把凡稍有影响的书籍焚尽，勒迫作家饿毙，就可以天下太平。这种打算实在是太幼稚，对国事言太近于“大题小做”，对文学言又像太近于“小题大做”了。

文章一出，沈从文立即遭到国民党控制的刊物攻击，《社会新闻》直指他站在了共产党的立场上，提倡普罗文学。在那个特殊的年代里，这一项“罪状”是可以致人死命的。所以沈从文的朋友施蛰存赶紧在《文艺风景》创刊号上为沈从文作辩护：

沈从文先生正如我一样地引焚书坑儒为喻，原意也不过希望政府方面要以史实为殷鉴，出之审慎。……他并非不了解政府的禁止左倾之不得已，然而他还希望政府能有比这更妥当，更有效的办法。

这番辩词又受到了鲁迅的批评。

早在沈从文和杜衡争论、鲁迅发表《“京派”与“海派”》的时候，就已经在沈从文的身上打上了“官的帮忙”的记号，认为他是站在国民党一派的。此次禁书问题，沈从文之所以批判当局行动，不过是“尽忠言”，而当局进行攻击，则是“忠而获咎”。鲁迅同时还批评为沈从文做辩护的施蛰存，是失了德行和风骨。

一年后，沈从文发表《谈谈上海的刊物》，对上海出版的各种刊物进行了综合评述，较多地批评幽默小品的盛行和一些刊物为谋求销路不惜“针对一个目的”、向“异己者”加以“无怜悯不节制的嘲讽与辱骂”的现象。他主张作家应有严肃的创作态度，为幽默而幽默的结果是难免坠入“恶趣”；同时作家还应该注重文学作品本身的创作，充斥相互嘲讽与“私骂”的刊物，对风气的培养和文学创作都是不好的。

因为沈从文这次所批判的对象包括了左翼文学刊物，周作人、林语堂的小品都在其中，所以文章再次引起鲁迅的注意。9 月 12 日，鲁迅写了《七论“文人相轻”——两伤》，再驳沈从文。从 1933 年开始，鲁迅同沈从文一共论争了三次。

1936 年 10 月，沈从文发表了《作家间需要一种新运动》，指出文学创作中普遍存在的“差不多”现象及其产生的原因。

近几年来，如果什么人还有勇气和耐心，肯把大多数新出版的文学书籍和流行杂志翻翻看，就必然会得到一个特别印象，觉得大多数青年作家的文章，都“差不多”。文章内容差不多，所表现的观念差不多。……凡事都缺少系统的中国，到这个非有独创性不能存在的文学作品上，恰恰见出一个一元现象，实在不可理解。这种现象说得蕴藉一点，是作者们都太关心“时代”，已走上了一条共通必由的大道。说得诚实一点，就是一般作者都不大长进，因为缺少独立识见，只知追求时髦，结果把自己完全失去了。

文章很快引起了文学界的普遍关注，1937年初，《书人月刊》《月报》转载了沈从文的文章，《大公报·文艺》也出版了《讨论反差不多运动》专刊，沈从文在上面发表了《一封信》，重申自己的观点，并进而阐明自己所持的文艺自由立场：

我赞同文艺的自由发展，正因为在目前的中国，它要从政府的裁判和另一种“一尊独占”的趋势里解放出来，它才能向各方面滋长、繁荣，拘束越少，可试验的路越多。

1937年春夏，“差不多”问题的讨论在北方文坛达到高潮。参加讨论的作家几乎普遍承认文学创作中确实存在“差不多”现象，沈从文是切中了当时文学创作的时弊。然而在南方，却引起了不同的意见。7月，茅盾连续发表《新文学前途有危机么？》和《关于“差不多”》两篇文章，对沈从文的观点提出批评。

1937年8月，沈从文又发表了《再谈“差不多”》一文，澄清自己对文学表现“思想”、“时代”的看法：

近年来中国新文学作品，似乎由于风气的控制，常在一个公式中进行，容易差不多。文章差不多不是一个好现象。我们爱说思想，似乎就得思得想，真思过想过，写出来的文学作品不会差不多。由于自己不肯思想，不愿思想，只是天真糊涂去拥护某种固定思想，或追随风气，结果于是差不多。要从一堆内容外形都差不多的作品达到成功，恐怕达不到。

他并不反对文学要表现出“思想”和“时代”这样的主题，但他认为作家要有真思想，对人生有深入独到的认识和体验，而不是满足于从某种现成观念出发进行创作，形成公式化倾向。

这次讨论前后持续了一年多时间，“差不多”这三个字在文艺界已经成为一个流行的名词，后来才随着抗战的全面展开，被新的文学形势下出现的新问题所代替。

第4节 战火纷飞下的流亡

1937年7月7日，在北平卢沟桥附近演习的日军借口士兵“失踪”，要求进入宛平搜查，在遭到拒绝后竟开枪射击，炮轰宛平城……这一天，被历史记载为卢沟桥事变，又称七七事变，拉开了抗日战争的序幕。

日本开始侵华后，北平成为这一场民族战役点燃的地方，但一个月以来，北平的情况十分不好，沈从文和一些同事已经开始准备撤离，甚至焚烧了这几年对教育上的研究成果。这个时候的沈从文已经是两个孩子的父亲了，长子龙朱还没到三岁，次子虎雏才来到世上两个月，为了不使全家都陷入危险中，张兆和提议分开走。而后沈从文和杨振声、朱光潜等人在日本兵的严查下，用编造的假身份取道天津，住进法租界里。张兆和则带着两个孩子南下，到上海与沈从文汇合。

然而沈从文尚在天津的时候，上海却遭受了日军的进攻，这下上海不能去，天津又不能久留了。好在十几天后，有一艘英国商船要从天津开到烟台去，日军并不会对这艘船排查，所以沈从文几人就跟着这船去了烟台。原本以为出了天津不去上海就是好事，但不料烟台亦在战火中，于是又赶紧离开烟台，几番周折后终于搭上了从青岛开往济南的最后一班火车，到达济南的时候，已经是半夜了。

因为前往避难的人太多，所以各处的饭店都已经住满了人，沈从文他们一行人连住处都找不到，正当大家都焦急的时候，却被告知山东教育厅厅长何思源得知他们到了济南，已帮他们联系到了一家最好的旅馆，沈从文一行人这才找到落脚的地方。

在济南待了两天，一行人又上了开往南京的火车，半途，朱自清的儿子和大家告别，同几个青年下车投奔共产党领导的抗日游击队去了。那时南京战局也十分紧张，已经准备疏散撤离，各大学来南京的教育界人士开会决定到湖南衡阳组办临时大学，邀请沈从文一起去。沈从文买不到船票，束手无策，最后还是在南开大学任教的林同济强行将他推上船，到船上的时候，才和船长商量买票。船长知晓沈从文，于是让他免票乘船，还在特等舱给他安排了一个铺位。

四天后，一行人到了武汉，沈从文想要暂留武汉工作，于是和准备继续南下湖南的教育界朋友告别。而后萧乾、杨振声相继赶到武汉，租用了东湖边大革命期间军长耿丹住过的那栋房子，继续编辑《大公报·文艺》副刊。到这年年底的时候，南京沦陷，国民党主力军从南京退向武汉，武汉情势危急，沈从文等人不得不考虑下一步的去向。

正好这个时候，延安方面邀请十位作家过去，沈从文也被列入邀请之列，另外还有茅盾、巴金、老舍、曹禺、萧乾等人。加上这个时候梁思成夫妇和金岳霖也正在长沙，沈从文想去拜访他们，于是也就答应了这次邀请，和一众作家从长沙先去了一趟八路军驻长沙办事处，而后去往延安。

在八路军办事处的时候，大家问及延安方面的大略情形和困难，徐特立在向他们介绍后又说："如果有固定工作或别的原因，去不了的，就留在后方做团结工作，这也很重要。因为战争不像三两年就能结束，后方团结合作，还值得大大努力。后方得到安定，才能持久抗战。"最终，沈从文选择了留在后方做团结工作，和在湖南组建临时大学的一批朋友一起向西南转移，最终决定去昆明。

抗战局势越来越严峻，各地的人群和物资都向大后方转移，长沙街头全是难民。沈从文的弟弟沈岳荃也因为在前线受伤，被转移到长沙。沈从文就去原属陈渠珍统率的那支湘西军队驻长沙的师部留守处询问消息，正好遇上穿着一身灰布旧军装的表哥黄玉书。黄玉书从前一直爱好艺术而厌恶当兵，但是却没想到在民族危急的时候他却选择了入伍，这对于沈从文来说，在心灵上是一个很沉重的触动。

见到兄长过来，沈岳荃表示愿意以沈从文的名义请他临时大学那边的熟人吃顿饭，以尽地主之谊，顺便和大家谈谈前方的情形。于是没过两天，沈从文就邀请了张奚若、金岳霖、杨振声、梅贻琦、闻一多、朱自清、黄子坚、李宗侗、叶企荪、梁思成、林徽因、萧乾等共两桌客人。席间，沈岳荃介绍了“八·一三”事变的种种情形，沈从文也给大家讲了一些湘西目前的变化。

三天后，闻一多等人告辞上昆明去了。沈岳荃因为受伤的缘故，获准回沅陵休假两个月，同时招募补充新兵，准备以“荣誉团”的名义重返抗日前线，于是沈从文和沈岳荃两人从长沙回到了沅陵。彼时，沈从文的大哥沈岳霖正在家中，自沈岳霖北上千里寻父后，这么多年以来，这竟然是兄弟三人第一次聚会。

逗留沅陵期间，沈岳荃收到了长沙师部拍来的急电，限这位上校团长在五天内率领在沅陵的两连伤愈士兵，向常德集中，并接收常澧管区四营兵丁，作为本团补充，再开往南昌与日军作战。次日又来了第二次急电，将五日期限改为三天，所以沈岳荃第二天下午就离开了沅陵。

沈从文去河滩为弟弟送行，看着那整装待发的情形，心头不禁生出一种悲壮和肃穆。这就是战争！他眼见着船队的影子在下游河岸转弯处消失，河面上只剩下一层朦胧的雾气，然后天黑了。沈从文想起在长沙时徐特立的那番话，他直觉地方要安定下来、一致对外，远不是一次谈话就能奏效的，只有向世人介绍湘西的真实情况，才能消除对湘西是“匪区”的这种错误看法。于是，沈从文在送别弟弟以后，开始着手写作，以两年来湘西事变为背景的长篇小说《长河》，展现一个对外具有爱国热情，对内却遭遇压迫和欺侮的矛盾的湘西。

不过可惜的是，《长河》只完成了第一卷。原本按计划，这本书共有四卷，但第一卷完成在香港发表后，就当即被删去一部分，等到全书预备在桂林付印时，又被国民党检查机关认为“思想不妥”而扣压。沈从文托朋友辗转交涉，送往重庆复审，但还是删减了许多，直到 1948 年才由开明书店出版，《长河》最终以一部未完成的长篇，留在了中国现代文学史上。

1938 年三四月份，沈从文搭乘汽车离开沅陵，辗转到了昆明。中途在晃县转车时，因为人多车少，车票十分紧张，沈从文又是一筹莫展。好在一位中学毕业的售票员，在得知他就是沈从文后，热情地给弄了一个好位子。经过二十多天的长途跋涉，终于到达了昆明。临时落脚处，是蔡锷发动反袁战争时在云南的旧居。对面是当年五省联帅唐赓萤公馆，如今成了美国驻昆明的领事馆。

自沈从文逃离北平后，与张兆和原本拟定在上海汇合，但由于上海已经完全沦陷，于是到 1938 年初，张兆和才携带两个孩子和九妹沈岳萌，取道香港、河内，沿着滇缅线到达昆明。一年多的分离后，一家人终于再次聚到了一起。

张兆和到达昆明后，沈从文随家眷住青云街六号，不久又迁去北门街蔡锷旧居，和杨振声一家以及汪和宗组成了一个临时大家庭。这时，沈从文被聘为西南联大师范学院的副教授，除教学和写作外，又和杨振声一起，重新开始教科书的编撰工作。杨振声领衔主管，沈从文任总编辑，分工选小说，朱自清选散文，张充和选散曲兼作注解，汪和宗负责抄写。

然而不久，昆明也遭遇了日军轰炸，为了躲避战火，沈从文搬家到昆明附近的呈贡县。九妹沈岳萌执意留在城里，在一次轰炸中为帮人救火抢东西，自己全部值钱的财物却被抢走后，受到了刺激，精神上有了毛病，沈从文只好托人将她送回湘西沅陵，后来嫁给了乌宿地方一个乡下木匠。

在西南联大任教期间，沈从文接近年轻人，处处抗敌御侮。教学之余，他创办杂志刊物、评论时政得失，成为大受学生欢迎的人物。但因为他的立场是属于自己的，走的一条独立文学的路，所以夹在左右两边的打击中，十分艰辛和寂寞。

在沈从文离开沅陵去昆明时，中华全国文艺界抗敌协会在武汉成立。老舍被推选为总务部主任，主持“文协”日常工作，沈从文到达昆明后不久，就收到了老舍的一封来信，请他出任云南“文协”第一任主席。但沈从文因为痛感文坛龙蛇不一，纠结于“究竟是有了作品才是作家，还是进了‘文协’就是作家”这个问题，所以拒绝了老舍。

只是沈从文虽然坚持走自己的路，但因为并没有置身于抗战文学运动之外，所以也卷入了抗战时期两次影响极大的文学运动的论争中。

1939 年 1 月，沈从文发表了题为《一般或特殊》的文章，针对一部分作家放弃文学创作的特殊性，将其等同于一般的抗日宣传工作的现象提出批评。文章指出：

根据我个人看法，对于“文化人”知识一般化的种种努力，和战争的通俗宣传，觉得固然值得重视，不过社会真正的进步，也许还是一些在工作上具特殊性的专家，在态度上是无言者的作家，各尽所能来完成的。中华民族想要抬头做人，似乎先还得一些人肯埋头做事，这种沉默苦干的态度，在如今可说还是特殊的，希望它在未来是一般的。

1942年，又写了《文学运动的重造》，进一步批评。在文章中提出：

抗战时期的文学创作，是满足于一般的抗战通俗宣传，还是深入把握抗战时期的民族精神现实，使其成为“民族百年立国的经典”；作家是满足于际会风云，以“文化人”身份猎取一官半职，还是甘耐寂寞，在沉默努力中为民族抗战切切实实尽自己义务？这两个问题，同时也表明了自己的立场。

这两篇文章发表后，相继遭到来自左翼文学阵营的激烈批判。他的观点被概括为“反对作家从政论”，被视为反对作家抗战的反动文学思潮。

在1940到1942年间，西南联大的教授中间，出现了一个新的文艺派别，即由陈诠、林同济、雷海宗等人组成的“战国策派”，主张“英雄崇拜”，反对“民治主义”，认为“实际上社会的进步，是靠少数超群绝类的天才，不是靠千万庸碌的群众”。“战国策派”的理论主张完全迎合国民党政治独裁的需要。

1940年5月，陈诠在《战国策》第4期上发表了《论英雄崇拜》一文。说中国自“五四”以来，效法英美传统，提倡民治主义，以至个性主义抬头，使中国读书人太不崇拜英雄。因此，中国要抗战救国，保持自己的生命自由，主要条件便是“英雄崇拜”，否则，是绝没有侥幸的。

陈诠的文章一发表，沈从文立即就写了《读英雄崇拜》，对陈诠的观点进行了反驳。指出所谓领袖人物，并非由于“头脑万能”，不过是“有权居势”，居“提纲挈领的地位”。这篇文章是抗战时期最早出现的反对“战国策派”的论文，沈从文的反英雄崇拜，提倡民治主义，将领袖看作一个人而不是神的观点，是他一贯反对强权政治、主张政治民主的思想结晶。然而由于沈从文与陈诠、林同济同在西南联大任教，彼此又是熟人，《战国策》杂志创办之际，沈从文还在该刊上发表过文章，便有人散布沈从文也是“战国策派”的谣言。

迁居昆明呈贡县龙街以后，沈从文每周三天住城里上课、编教科书，以及指导青年学生，剩余三天回家写作，顺便兼一点家务。由于抗战已到了最困难时期，大后方物价飞涨，一个大学校长的收入在四千法币左右，大学教授的收入在三千法币上盘旋，竟不如一个堂信或理发师，一个优秀的图书馆员的薪给不及“资源委员会”的门房。沈从文一家也同其他人一样陷入了严重的生活困顿中，早已请不起仆人，家中的家务都是由沈从文和张兆和两个不怎么会干家务的人承担着的。不仅如此，沈从文还常常无钱回家，只能去向书店借钱做路费，此外吃饭也是一件让他们发愁的事情，家里的房子还起了裂缝，每到下雨的时候就漏水，大雨的时候更是只能在屋外坐一晚，因为担心房子会坍塌。

1945 年 8 月 15 日，日本宣布投降。

战争终于结束了。

那天夜里，在沈从文居住的这个小村子里，最先得知消息的一个六十岁的加拿大老人彼得，提了一个搪瓷面盆，一面发疯似的狂敲，一面满村子乱转，各处跑来跑去报信。那情形给沈从文的印象十分深刻，正如同日军飞机第一次轰炸南苑微雨中从北平上空掠过时的印象。热泪湿了沈从文的眼睛，心里反倒有了过去八年战争进行中少有的悲壮沉重。

1946年夏，沈从文终于得以离开云南。因为张兆和准备回苏州住一段时间，所以沈从文送母子三人到苏州后，独自先返回北平。

就在沈从文重返北平的同一个月，蒋介石撕毁《双十协定》，国共关系再一次破裂，全面内战爆发，战争的阴云再一次笼罩在中国的上空。

第六章

伤逝——我对这个世界没有什么好说的

第 1 节 “清客文丐”和《我的学习》

全面内战爆发后的两三年间，历史向中华民族抛出了一个问题：中国应该向何处去？

两种力量、两种前途的生死较量正在全国范围内展开，这已经成为了一个无法规避的问题。随着战场形势的变化，国民党的落败和共产党的兴盛，让中国的局势处在一个时代更替的节点上。

1948 年，一场风暴席卷而来，笼罩在沈从文的头上。

因为沈从文一贯坚持游离在两党政治之外，想要走一条没有掺杂政治利益和商业利益的道路，所以在对国共两党的态度上并没有划出什么界限，这就使得左翼文学认为他是国民党的帮手，而右翼这边又认为他认同并提倡普罗文学。到 1948 年，因为解放军已经从战略防御转入战略反攻，文坛上的局势已经完全偏向了左翼阵营，所以沈从文的保持“文学独立性”的主张受到了左翼文艺阵营的批判与清算。

一幅幅沈从文的肖像画被描摹出来了：《鸿鸾禧》里的穆季、介于二丑与小丑之间的“三丑”以及“清客文丐”……他的文章同时也遭到批判，除《从现实学习》《一种新希望》《〈文学周刊〉编者言》以外，还有《芷江县的熊公馆》。

1947 年是熊希龄病逝十周年，所以《大公报》决定在 1948 年制作一组“纪念熊希龄逝世十周年”专栏，沈从文于是写下《芷江县的熊公馆》一文。文章回忆了自己青年时代以亲戚身份作客熊公馆时的所见所闻所感，详尽地描述了熊公馆的形制、陈设，熊希龄参与维新变法及出任国民政府总理的事迹和人格——“实蕴蓄了儒墨各三分，加上四分民主维新思想，综合而成”，“见出人格的素朴和单纯，悲悯与博大，远见与深思”；熊希龄母亲的为人——“自奉极薄”，待下“忠厚宽和”，并以当年“极一时人间豪华富贵”映衬眼前的衰败冷落，从中感悟历史和人生。

这篇文章发表后就被指认是在歌颂旧时代老爷、太太们的德行，歌颂地主阶级的剥削，是“粉饰地主阶级恶贯满盈的血腥统治”，是“典型的地主阶级文艺”……他们批判沈从文是延续“清客文丐的传统”的“奴才主义者”和“地主阶级的弄臣”。

批判到后来，沈从文直接被界定为“桃红色文艺”的作家，是“为反动派而活动着”的人。郭沫若在《斥反动文艺》一文中说其——在抗战初期全民族对日寇争生死存亡的时候，他高唱着“与抗战无关”论；在抗战后期作家们加强团结、争取民主的时候，他又喊出“反对作家从政”口号；今天人民正“用革命战争反对反革命战争”，也正是凤凰毁灭自己，从火中再生的时候，他又袭起一个悲天悯人的面孔，谥之为“民族自杀的悲剧”，把我们的爱国青年学生斥之为“比醉人酒徒还难招架的冲撞大群中小猴儿心性的十万道童”，并企图在“报纸副刊”上进行其和革命游离的新第三方面，所谓“第四组织”。

1949年1月，天津解放，国民党傅作义部驻防的北平成了一座孤城。国民党的党政和特务系统纷纷撤离北平，并试图动员一些著名的作家、教授、学者飞往台湾。于是，在争取知识界知名人士方面，中共北平地下党与国民党北平当局之间的较量，也同时拉开了序幕。

北京大学当局有关人士登门造访，劝说沈从文离开北平去台湾，并送来了直飞台湾的飞机票。与此同时，北京大学的中共地下党党员乐黛云，左翼进步学生李瑛、王一平等人也先后来到沈家，希望他不要去台湾，留下来迎接解放，为新时代的文化教育事业出力。

沈从文早已拿定主意不去台湾，然而就是在这个时候，一件意想不到的事情却如同一只棒槌一样，给了沈从文重重的一击——就在北平和平解放前，北京大学一部分进步学生，发起了对沈从文的激烈批判。一幅幅大标语从教学楼上挂了下来，上面赫然触目地写着："打倒新月派、现代评论派、第三条路线的沈从文！"

沈从文心中又气又急，对于一个文人来说，这样群起攻之的局面，实在有些令人接受不了。他无法接受这些判决，他想要说自己并不是反动派！沈从文的心中同时又升起一股无奈。这一年来，见于报刊的对自己不断升级的批判，什么"清客文丐"、什么"地主阶级的弄臣"、什么"他一直作为反动派而活动着"……这种种严厉的责备声，在沈从文耳边轰鸣。他开始弄不明白这个世界、这个文坛。

那年秋天，他离开部队，孤身一人来到北京，正是因为对滥用权力、残害无辜的这种大小统治者的厌憎，他走出湘西，去寻求生命独立的意义与价值。起初在北京的那几年，他过得如此艰辛，也从来没有放弃过这种追寻。为了重造现实，他手中的一支笔从来没有停止过对军阀政治及嗣后依靠杀人建立起来的国民党政权的批判，并为此承担过风险。二十多年来，一些身为共产党人的朋友，从来没有视他为异己。虽然基于对一切政治的不信任，对共产党的政治主张有过怀疑，但从来不曾与之为敌。即便在目前仍未结束的内战问题上，出于对民族和人类长远发展的思考，虽在抽象的层次上对这场战争做笼统的否定，却从未将战争的责任归于共产党。自信自己从来不曾与人民为敌，那些和他具有相同思想倾向的人，也正以民主党派人士的身份参与国家大事，为什么独独是他一个人，却被视为“反动派”，最终得到一个所有人都不相信他的结局？

这年7月，全国第一次文学艺术工作者代表大会在北京召开，与会的代表名单上，沈从文被排除在外。

沈从文陷入了困境，他不明白：不过是坚持一种独立的文学态度，为什么会变成被打击的对象？张兆和不知道为什么沈从文不能响应党组织的号召，积极参加建设，她看着沈从文每天都沉浸在失魂落魄中，无论她怎么劝说都没用，只好去请了与他关系好的杨振声去劝，然而依旧没用。沈从文不愿意放弃他所追寻的“文学运动”，这二十多年来，自己在旁人难以想象的寂寞中奋战，用手中的笔去证实生命的价值，但现在，这条路似乎已经走到了尽头。

亲朋好友的劝说和外界的打压，让沈从文感到恐惧，他感觉到自己的内心似乎有了从来都没有过的软弱。“楚人的血液正给我一种命定的悲剧性”，“理想与事实对面，神经张力逾限，稳定不住自己，当然会发疯，会自杀！”这些他几年前留在纸上的墨迹，此时已变成一种谶语。沈从文在精神上已经开始出现问题，他足不出户，整天关在房屋里胡思乱想，偶尔拿起身边的旧作重温自己生命走过的足迹时，故乡的山水便影影绰绰地扑到他的眼前。他沉缅于那个与自己最初的生命相连结的世界，并从中获取一缕春温。然而，这种沉缅并不能持久，往事的慰藉转增痛楚。

烦躁和痛苦让沈从文越来越不能忍受，他急欲找到一种方法令自己得以从中解脱，于是他看见了放在书桌上的一把小刀——

沈从文自杀了。

经过治疗，出院后沈从文被安排到中央革命大学学习。中央革命大学是北京解放后建立的一所培训各级各类干部的政治文化学校，目的在于通过学习帮助这些从旧社会过来的知识分子，适应社会和时代已经发生的巨大变化。沈从文所属的是中央革命大学研究班，成员多是高级知识分子中的民主人士。按规定，学员必须在学校住宿。每天的学习就是听政治报告，学习各种政治文件、讨论、座谈，对照自己过去的思想认识，检查、反省、再认识。这些学习，又将沈从文带到了一个陌生的世界里。面对新观念和新人事，他感到茫然若失。

在学习期间，沈从文开始渴望重新工作，于是一天，他跑去找负责研究班生活管理的那位解放军班长："请你去上面问一下，改造改造，要到什么时候为止？不要我做事就说明白。"几天后，班长告诉沈从文："上面要你仍然写文章。"

沈从文的研究班学业终于结了业，结业之前，按学校统一规定，每个学员都必须结合学习体会，对照自己过去的思想写出一份检查。这份检查沈从文写得很艰苦，看着别人一个接一个交了卷，他却无从下笔，最后还是在离校前夕完成了这份自我检查。

在北京解放后的三年中，沈从文再也没有什么作品见诸于报刊，报刊上也没有关于沈从文的消息，他的身影完全消失。于是海内外纷纷猜测和制造谣言，有说沈从文因受折磨死去的，有说他被关进监狱的，有说他被强制劳改的……为澄清谣言，沈从文在 1951 年，发表了他写于解放后的第一篇文章《我的学习》，其中有谈及那份他得了倒数第一的自我检查，他写道：“这个检讨则是这半年学习的一个报告，也即我从解放以来，第一回对于个人工作思想的初步清算和认识，向一切关心过我的、教育帮助过我的，以及相去遥远听了些不可靠不足信的残匪谣言并对我有所惦念的亲友和读者的一个报告。”

第 2 节　文坛里的销声匿迹

沈从文从革命大学结业后，面临着的第一个问题就是：今后的路该怎么走？

当初那位解放军班长请示回复说上面让他仍旧写文章的时候，沈从文就开始迷糊。如果继续从事文学创作，自己已经定型的写作方式与已经自觉到的社会要求之间，必不可少地存在着冲突。虽然在那份自我检查里，提到学习中对"政治高于一切""文学从属于政治"的重新认识，但要在创作中实际体现这一点，并非易事。即便有了朝这方向的明确努力，下意识的长期积习——自己所熟悉的题材范围、审美趣味、处理材料的方式乃至语言词汇，终难保不拖住手中的笔。

沈从文最终决定弃笔，选择另外一种为社会服务的方式。可是，真要改行却远不是一般人所想像得那么容易。改行对于沈从文来说，意味着他原有的半生经营的事业基础全部报废。新的选择无论是什么，一切都得从零开始，他已经五十岁了，这实在是一个太过严峻的年龄。

沈从文再次面临人生的选择，他陷入了两难之境。不过他还没有为工作感到烦恼，就被通知下乡参加土改，到从四川土改回京后，沈从文就被抽调去清理整顿北京的古董店。这让他心里不免产生出许多感慨，感慨中也慢慢生出一种憬悟："自己的生命与这些古代文物原不可分。"

沈从文对文物的兴趣可一直追溯到当年在保靖做司书的时候替陈

渠珍整理古籍，管理旧画、陶瓷文物，并为它们编目的那个时期。后来到了北京，居住的会馆外边也有许多古董店和地摊出售文物，沈从文每天都会跑过去看。到20世纪30年代，沈从文的生活条件好了起来，于是开始不知节制地购买、收藏各种文物。他对文物的爱好从广泛的欣赏逐渐转向专门的搜集。在北京时专收瓷器，还在外国人之前，他就注意到了青花瓷的价值；在云南期间，专门收集耿马漆盒，后来又转向搜集锦缎丝绸。抗战胜利返回北平后，他与朱光潜同住一个院子，他对朱光潜说："趁二位太太没来，赶快买东西。"及至二位夫人回到北京，两人仍变着法子买各种便宜的文物。四妹张充和对沈从文的这个热衷收集文物古董的癖好就有这样的记录：

1947年我们又相聚在北平。他们住中老胡同北大宿舍，我住他家里边一间屋中，这时他家除漆盒书籍外，充满青花瓷器。又大量收集宋明旧纸。三姐觉得如此买下去，屋子将要堆满，又加战后通货膨胀，一家四口亦不充裕，劝他少买，可是似乎无法控制，见到喜欢的便不放手……

在那座四合院中，还住着朱光潜先生，他最喜欢同沈二哥出外看古董，也无伤大雅的买点小东西。到了过年，沈二哥去向朱太太说："快过年了，我想邀孟实陪我去逛逛古董铺"，意思是说给几个钱吧。而朱先生亦照样来向三姐邀从文陪他。这两位夫人一见面，便什么都清楚了。我也曾陪他们去过。因为我一个人，身边比他们多几文，沈二哥说，四妹，你应该买这个，应该买那个。

我若买去，岂不是仍然塞在他的家中，因为我住的是他们的屋子。

他大半生都在从事搜寻和研究民间手工艺品的工作，先是瓷器和铜器，后转到民族服装和装饰，我自己壮年时代搜集破铜烂铁、残碑断碣的癖好也是从文传染给我的。

沈从文的文物搜集得太多，照一位评论家的话说是：叠起来有两个等身齐高度。依照他这样的经济水平，沈从文本来可以去买一套四合院的住屋，但沈从文却把钱全部用来买了这些，一下子玉器、一下子宋元旧锦、明式家具……钱就花得精光了。他购买文物古董已经成为了一个习惯，其意也并不在收藏，常常是买回来一段时间，然后就送给博物馆或者图书馆，有时候甚至都不打收条，十分无所谓，然后又从外边儿去买新的，再送出去。

这一切，在当时只不过是一时兴之所至，沈从文生命发展的潜能，是朝着文学的方向获得升华的，他在文学上所取得的成就，抑制住了生命潜能朝文物研究方面的发展。但现在，文学方面已经不能再续了，沈从文对后半生工作的方向的规划，便转到了这上边，一时之间，心里却逐渐变得明朗起来。

1950 年，清理整顿北京的古董店的工作结束后，历史博物馆领导征询他们的意见："如果不愿留下来，可安排到别的单位工作，愿意留下来，有什么条件尽可以提出来商量。"结果，十三个教授里边儿就只有沈从文一个人选择留了下来，放弃了北京师范大学和中国人民大学的选择。

沈从文与文学创作的最终告别。

1953 年，全国第二次文学艺术工作者代表大会召开，沈从文以美术组的成员与会。会议期间，毛泽东、周恩来等国家领导人在人民大会堂接见了包括沈从文在内的一些文学家、艺术家。见到沈从文时，毛泽东询问了沈从文的工作和身体情况，而后说："你还可以写点小说嘛。"沈从文报以微笑，对毛泽东提出的希望却未能作答，他心里在文学创作方面尚存的一点火星已完全熄灭。

此后，沈从文一头扎进博物馆，成天在破旧的金、石、陶、瓷、丝绸——一个历史遗留下来的巨大的瓦砾堆里转来转去，探寻那通向人类真实昨天的迷径。每天，他都提前赶到博物馆门口，等候开门上班。成千上万的文物在他眼前展开了一个新奇的世界，使他有幸置身于令人眼目迷乱的稀世珍宝之间。

沈从文在历史博物馆的工作，是为陈列的展品写标签。历史仿佛开着玩笑，将他拉回到当年在湘西军队里当司书的位置上，这使得许多亲友大惑不解。因为各报刊向他约稿的仍不乏其人，沈从文却不为所动，他开始主动割断与文学创作的联系。办刊物的朋友有时辗转相托请他写点短稿，他不是“推”就是“拖”，真如老话说的，好比骆驼穿针眼。总是常用“过时了，过时了”来搪塞。接着他还会说在这方面自己“已下降到接近报废程度”，所以只有“避贤让路”之一途。有时信中虚晃一枪：“老朋友来谈谈天，还像满有兴致，问这问那，也间或煽起一点童心幻念。”但一说到真格的，请他就汤下面地写那么千儿八百字，他就挂出了免战牌，两手一拱：“饶了我吧！”

1953年，上海开明书店写信通知沈从文，说他的作品已经陈旧过时，所以已将他的一切著作的纸型完全销毁。与此同时，台湾也查禁了沈从文的作品。沈从文的名字在新中国文学史著作中完全消失了。

1957年，毛泽东提出“百花齐放，百家争鸣”方针，文艺界开始活跃起来，出版界也出现了重新出版“五四”以来有代表性的作家作品的热潮。一本由人民文学出版社组织选编的计二十九万余字的《沈从文小说选集》的书稿，送到了沈从文手中。面对这部书稿，想起几年前开明书店的来信中所说的作品已过时代为焚毁的话，沈从文百感交集。于是在为这本选集所写的《题记》中，他回顾了自己文学创作的行程之后，不禁伤感地写道：

当更大的社会变动来临，全国人民解放时，我这个和现社会要求脱节了的工作，自然难以为继，于是终于停顿下来了。一搁就是八年。由于工作岗位的改变，终日长年在万千种丝绸、陶瓷、漆、玉、工艺美术图案中转，新的业务学习，居多属于物质文化史问题，和对人民生产服务的需要，越深入越感觉知识不足。在这种情形下，我过去写的东西，在读者好友间还未忘记以前，我自己却几乎快要完全忘掉了。

……记得二十四年前，上海良友公司印行我习作选集时，在那本书题记中，曾向读者深致歉意，觉得费去万千读者的宝贵时间，心中极不安。希望在另外一时，还能够写出点较新较好的东西。现在过去了二十多年，我和我的读者，都共同将近老去了……

这部小说选集的出版让沈从文的心中燃起了一种重新提笔创作的激情，他希望过些日子，还能够重新拿起手中的笔，和大家一道来讴歌人民在觉醒中、在胜利中，为建设祖国、建设家乡、保卫世界和平所贡献的努力，和表现的坚固信心及充沛热情。“我的生命和我手中的笔，也必然会因此重新回复活泼而年轻！”

可是，他没有料到接踵而来的政治风雨熄灭了他重新执笔创作的热情。而沈从文的那本解放后直到70年代末所出版的唯一的选集，倘若再迟一两个月，只怕不能出版。不得不感叹命运到底还是对这个怀着赤子之心的男人仁慈了些许。

1958年，文艺界庆祝反右斗争胜利，中央宣传部副部长周扬在西长安街邮局对面的一个饭馆里，设宴招待文艺界人士。全国文联、中共中央宣传部、中国作家协会、文化部共三十余人参加，沈从文也在被邀请者之列。席间，周扬当众宣布：“老舍同志工作很忙，准备请他多管一点全国文联的工作，北京文联主席的工作，我们想请沈从文同志担任。”沈从文一听急了，他立即站起来说：“这不行。我还是做我的文物研究工作。我是个上不得台面的人……”于是此事便就此搁浅。

沈从文终究没有再拿起过笔，他的身影正在文坛上逐渐地销声匿迹。

第 3 节　中国古代服饰研究

1961 年，中苏关系的恶化，加上自然灾害严重，国民经济濒临崩溃的边缘。为团结全国人民共同度过这一困难时期，“百花齐放，百家争鸣”的方针在文化学术界又被重提。沈从文重新拿笔创作的热情再一次被点燃。

文物研究在中国起步晚、底子薄、课题多，是一种筚路蓝缕式的开拓。其不能与一个历史悠久的大国地位相称，是不言而喻的。这种状况，已经引起国务院总理周恩来的关注。1963 年，周恩来召集有关人员在人民大会堂开会。在谈到文化建设方面的问题时，周恩来说：“我们出国访问，参观过人家的蜡像馆、服装博物馆。中华民族是一个具有伟大创造力的民族，文化比他们悠久，可是我们却没有自己的服装博物馆，没有相应的《服装史》，什么时候，我们才能编一部有自己特色的服装史？”

文化部副部长齐燕铭当即推荐说：“这事沈从文可以做。”

周恩来也当机立断：“好，那就交给他去做。”齐燕铭对沈从文的研究工作是了解的。所以当齐燕铭向沈从文转达周恩来的决定时，沈从文欣然应诺。他钦佩周恩来对民族文化研究工作的重视，感念他对自己的信任，他愿意做这种“打前站”“为后来者开路”的工作。

沈从文立即着手《中国古代服饰研究》的写作。按照统一安排，由轻工业出版社的阮波负责这本书的出版，由历史博物馆从美工组抽调陈大章、李之檀、范曾参加，负责图片制作——由沈从文提供图像实物资料，加以描摹绘制。到 1964 年春，一部包括二百幅主图及部分附图、二十余万研究说明文字的《中国古代服饰研究》初稿即告完成。书稿完成后，出版社立即出样书，分送有关部门及专家征求意见。在听取了各方面有关意见后，沈从文又重作增补。按预定计划，此书将在 1964 年冬付印，作为建国十五周年献礼。

可是，1964 年后中国社会出现了变化——随着国内经济的全面好转，阶级斗争又开始成为中国社会生活的主旋律，思想文化领域照例首当其冲。

早在 1957 年，沈从文发表了一篇题为《古代人的胡子》的文章，就有人在报上著文，指名批评他“不谈阶级斗争，谈起古人的胡子来了”。这种将阶级斗争和历史唯物主义庸俗化的思潮，却正制造着中国文化的“劫数”。沈从文和他的文物研究，在即将来临的社会风暴中，不可能不在劫难逃。

1965 年 11 月，江青等人直接组织的《评新编历史剧〈海瑞罢官〉》一文，由姚文元署名，在上海《文汇报》发表，从而揭开了“文化大革命”的序幕。

在这场“文化大革命”中，沈从文以反逻辑形式逻辑地被视为革命对象，运动一开始就被“揪”了出来，沈从文被红卫兵先后八次抄家。

他无法记清被抄走了些什么东西，唯一留在记忆里的，是他的六公斤一捆的书信被抄走了，以及女儿沈朝慧被勒令返回湘西。沈朝慧原本是沈从文弟弟沈岳荃的女儿，但在全国解放前夕，身为国民党军官的沈岳荃本来已经参加了起义，却因情况不明，在镇反运动中被误杀，1958 年，沈岳荃的这个遗孤从湘西来到北京，投奔伯父并认沈从文为父。

她生父已经被列为国民党反动派的派别中，沈从文又成了革命的对象，沈朝慧的被驱逐就变成不可避免的了。而同时，以她名义的存款全被抄走，并被吊销了在北京的户口，限期离开北京。

《中国古代服饰研究》一书，被作为“鼓吹帝王将相，提倡才子佳人”的毒草遭到批判。起初，博物馆的一位副馆长对批判会的组织者说：“你们别忙着批，应该先学习，学懂了再批。”这自然是对无产阶级革命派的亵渎，得到的回答是“嗤之以鼻”，批判会照样进行。

批判并不到沈从文为止，还牵连到了沈从文的“黑后台”，于是向周恩来建议由沈从文担任此书写作的齐燕铭立即成为批判对象。沈从文虽因此事牵连别人而深感不安，但对自己的遭遇，已经看得十分平常，没有了委屈痛苦之感。自己没有被抓，没有被杀，也没有被打成残废，这已经是不幸中之大幸者。

1969 年 9 月末，在《人民文学》杂志社任编辑的张兆和，已随本单位人员去了湖北咸宁。沈从文一家成员已经是天各一方：次子虎雏早在 1966 年就同妻子去四川参加“三线”建设；女儿朝慧早成了各地飘泊的“黑户”；长子龙朱虽仍在北京，却因 1957 年在一张别人写的向党委提意见的大字报上签名，被划成“右派”，眼下正在北京工业学院附属工厂里接受监督改造。

这个时期，文化部所属各单位和文联各协会的全部工作人员，按照统一部署，分别被安排去湖北咸宁、天津宁海等地的“五七”干校和军队农场劳动——一面搞“斗、批、改”，一面接受“再教育”。沈从文被送到了湖北双溪。双溪那边的境况很差，每日都在艰难中度过，但就是在这样的处境中，沈从文仍没有忘记那本服饰研究，又就国内文物研究始终近于空白的二十多个专题进行分门别类。将有关材料排队，有关材料的来源、性质、发展中的情形，不同问题间的联系及相互制约、促进的原因，凡是能想到的，一一写出草目，先搭架子，再随想随补。积以时日，身边竟积累了一大堆卡片。

1970 年夏秋之交，沈从文因为艰苦的环境和超负荷的工作，最终病倒了。这个时候他已经年近古稀了，精神的孤寂和环境的恶劣诱发了原本就有的心血管系统疾病，血压极速增高，十分危险。不过好在沈从文挺了过去，到 10 月份，他康复出院，返回双溪。

久病体弱，沈从文对视这世间的万物，心境益增悲凉，写下一首自勉诗：

朔风摧枯草，岁暮客心生。老骥伏枥久，千里思绝尘。
本非驰驱具，难期装备新。只因骨格异，俗谓喜离群。
真堪托生死，杜诗寄意深。间作腾骧梦，偶尔一嘶鸣。
万马齐喑久，闻声转相惊！枫槭啾啾语，时久将乱群。
天时忽晴朗，蓝穹卷白云。佳节逾重阳，高空气象清。
不怀迟暮叹，还喜长庚明。

1971 年冬，沈从文因心脏供血不良，病情逐渐加重，已经无法独自生活，于是最终获许返回北京。半年后，张兆和申请退休得到批准，也结束了干校生活回到北京。

沈从文离开北京，等同于流放，在北京所有的权益都被他人接管，这次回去，竟然没有住处，废了好大的劲儿才从他人手中要回了一间房子，但一间房子显然无法安身立命，百般无奈之中，沈从文只好写信给李季，请求为属作协系统的张兆和安排住房。李季与严文井派人了解了情况，与各方面协商以后，决定在小羊宜宾胡同分配给张兆和两间房子。这两间房子加在一起不过十九平方米，一间用作卧室，一间用来堆放杂物兼作厨房。尽管面积不大，但在当时情况下，实在算得是解救燃眉的“及时雨”，已经叫沈从文十分满足了。而那间从别人手中要回来的在东堂子胡同的一间屋子，就成了沈从文重新着手进行文物研究的工作室。

回到北京不久，历史博物馆一位副馆长向他转达了国家文物局的意见，说“文化大革命”前编写的那本古代服饰研究专著，已经重新看过，认为很有见解，值得付印，要他重新校过。于是，沈从文将已经被搁置了八年的书稿取回，对图像资料重新核对，一个月后交了稿。然而，这一去又是音讯全无。重新校订后上交的那本服饰研究专著，在馆长的办公桌上压了三年以后，于1974年退还给沈从文，出版已毫无希望。

沈从文只好不问收获，只管耕耘下去。他考虑得最多的，还是如何使该书更为完善。他考虑将“文革”以来新出土的有关服饰文物资料增补进去，并全面铺开在湖北咸宁时拟定的那批专题研究。

亲戚朋友和熟人都好意劝告沈从文不要再去做这些事情，但沈从文每回听到这些劝告，就只是报以微笑。人各有志，一个人的选择就是他的信仰。自己既然选择了这一行，就没有理由自行亵渎。虽说自己一切成就并不预备“藏之名山”，却不能因为没有出路就中途而废。沈从文有了越来越强烈的紧迫感。自己已是七十三岁高龄了，揽镜自照，已是满头白发，精力已大不如前。身体随时都可能发生故障，报废只是早晚的事。

不知节制的连续工作使沈从文再次病倒了。他的血压增到220，左眼黄斑出血，写字已不知下笔轻重，虽然由于长期形成的习惯，字迹尚能成行，写完后却看不清是否写得正确，眼前只是一片圈圈点点，跳动不定，一份“老之已至”的感觉涌上沈从文心头。他在给友人的信中说：“目下手边还搞了约五六十个大小不一的有关物质文化史的专题，居多是从实物图像出发，再来结合文献，从文图互证的分析来谈问题的。加上服装材料，有百多万字都必须由我自己一一过手重抄重改，才得交卷。原先还以为可争取两三年时间，赶得出来，可为后来接手的青壮年人做垫脚石。若照目下情形看来，完成希望已不甚大，真是糟糕。因为以后大致已不大可能还有人能综合实物十万八万和一堆杂乱文献，来完成这种费力不甚讨好的基本功。若两三月还无好转希望，即不升级恶化，大致近二十五年受上面鼓励，又得种种方便机会学来的有关文物的一系列常识，又不免和前一段搞习作情形似异而实同，半途报废。”

1976 年，周恩来病逝，沈从文赶去北京医院向周恩来的遗体告别。他想起了那些年里总理对他的一次次亲切接见和鼓励，他为国家和民族的命运而忧心忡忡，更因未及将《中国古代服饰研究》一书奉献于总理生前而抱憾。此后，沈从文更加刻苦研究——“一定要尽力搞好，不然对不住周总理。”同年 10 月，随着“四人帮”的垮台，十年“文化大革命”的苦难历程终于结束。

1978 年，胡乔木将沈从文从历史博物馆调到中国社会科学院历史研究所，改善了沈从文的工作环境和生活。10 月的时候，《中国古代服饰研究》的出版也终于在周周转转中被提上了议程。由沈从文带队的这个工作班子被安排住进了北京西郊的友谊宾馆，进行《中国古代服饰研究》一书的最后校正增补工作。

1979 年 1 月，修订增补工作完成。这部由周恩来生前提议编写的，包括了二十余万说明文字、数百幅实物图像的中国古代服饰研究巨著，虽然实际着手编写的时间前后总共不到一年时间，但从最初动笔到最终完成，却经历了整整十六个春秋。它不仅是沈从文，还是中国知识分子、中国文化事业乃至整个中华民族多磨多难的历史见证。

为纪念周恩来生前对这本书的关怀，全书仍保留原有的编排体例，并把原来拟定的二百幅图像作为主图放在前面。新增加的资料，即便十分重要，也一律作为插图附在文字说明中。这部著作对起自殷商迄于清朝前后三千余年中国各个朝代的服饰问题进行了抉微钩沉的研究和探索，掀开了中华民族先民创造的繁富、丰美、灿烂的文化一角帷幕，从一个侧面展现出其中的气象万千和人类生命所创造的奇迹。

《中国古代服饰研究》一书脱稿后，一些国外出版商，闻讯派人前来洽谈。愿以最高稿酬和印刷条件出版此书。沈从文写信给中国社会科学院副院长梅益说："我不愿把我的书交外国人去印。文物是国家的，有损于国格的事，我不能做！"并表示愿将书稿交给组织处理。梅益接受了沈从文的意见，决定将书稿交商务印书馆香港分馆出版。

1981 年，这部装帧精美、分量沉重的中国古代服饰研究巨著终于问世。胡乔木写信向沈从文祝贺说："以一人之力，历时十余载，几经艰阻，数易其稿，幸获此鸿篇巨制，实为对我国学术界一重大贡献，极为可贺。"书籍一出版，很快引起国内外学术界的重视。日本方面表示愿意购买该书版权和全部已出书籍；欧美学术界深入接洽商量，拟以英、法、德文翻译出版；台湾立即出了该书的盗印本——以极不光彩的手段，抹去沈从文的名字，篡改了引言中的字句以迎合台湾当局的政治需要。此后，它又作为国礼，成为我国领导人出访时赠送给外国国家元首的礼品。

第4节　对这个世界没有什么好说的

随着《中国古代服饰研究》一书在国际上的影响逐渐加大，沈从文前半生的文学创作成就也引起了国外文学界的重视，同时，国内也出现了重新评价沈从文文学成就的呼声。

夏志清著英文版《中国现代小说史》中将沈从文列专章介绍，以及司马长风出版《中国新文学史》时将沈从文置于中国现代文学大家地位，进一步点燃了西方和港澳读者及学术界对沈从文作品的热情。

美国、日本、法国、西德的中国文学研究者，不断有人专程千里迢迢去湘西访问，了解那块曾养育了沈从文的神秘土地，寻觅沈从文的人生足迹。有关沈从文的传记、评传和研究专著相继出版，美国、西德、日本、法国都有人拟定进一步翻译出版沈从文作品的计划，西方文学界开始提名沈从文为诺贝尔文学奖候选人，这是20世纪除鲁迅和茅盾外，唯一被提名诺贝尔文学奖的中国文学家

由于沈从文一时蜚声中外，1980年，应美国文学界和学术界之邀，得“美中学术交流委员会”赞助和中国社会科学院支持、批准，沈从文以著名作家和文物研究家双重身份，赴美访问并讲学。10月17日，沈从文携夫人张兆和乘坐的飞机在纽约肯尼迪机场降落。沈从文夫妇的来访，这对定居纽黑文的傅汉思和张充和夫妇来说，无异于喜从天降。

沈从文和傅汉思早前就相识，这次见面后，谈话更是愉快。沈从文说起古董文物和历史来，十分生动快乐，一切死的材料，经他一说

便活了，便有感情了。这种触类旁通，以诗书史籍与文物互证，富于想象，又敢于用想象，都是得力于他写小说的结果。他说他不想再写小说，实际上他哪有工夫去写！有人说不写小说，太可惜！其实他如不写文物考古方面，那才可惜！

沈从文夫妇在傅汉思、张充和家里住下后，每天都有客人来访，或应邀外出作客。在美期间，他们先后与陈省身、钟开莱、白先勇、陈若曦等著名华人学者、作家见了面，一切想见应见的新旧朋友都见了面。

沈从文的来访，受到美国文化界、学术界的热烈欢迎。在东部访问期间，《海内外》出了欢迎沈从文访美的专号，哥伦比亚大学、圣若望大学先后邀请他到校演讲，并组织座谈。哥伦比亚大学贴出的海报，尊称沈从文为“中国当代最伟大的在世作家”。同时，西部文化界和学术界也准备隆重接待他。报界纷纷发表消息，美洲《华侨日报》《时代报》《太平洋周刊》和《东西报》，不止一次发出新闻稿。1981 年 1 月 2 日，沈从文到达美国西部后，先后应邀在旧金山湾区三所著名大学——斯坦福大学、加州大学伯克利分校、旧金山州立大学演讲，向美国学术界和文化界介绍自己从事文学创作和文物研究的情形，受到听众的普遍好评。人们关心沈从文几十年来的遭遇，希望多通过他本人印证过去的种种传闻。面对几十年来一直为他担心的朋友和读者，沈从文却十分平静。他在演讲中，极为诚恳地说：

“许多在日本、美国的朋友，为我不写小说而觉得惋惜，事实上这并不值得惋惜。因为社会变动太大，我今天之所以有机会在这里与各位谈这些故事，就证明了我并不因为社会变动而丧气，社会变动是必然的现象。”

“我们中国有句俗话说：‘塞翁失马，焉知非福！’在中国近三十年的变动情况中，我许多很好很有成就的旧同行、老同事，都因为来不及适应这个环境中的新变化成了古人。我现在居然能在这里很快乐地和各位谈谈这些事情，证明我在适应环境上，至少做了一个健康的选择，并不是消极的退隐。特别是国家变动大，社会变动过程太激烈了，就更需要有人坚持工作，才能留下一些东西。”

“在近三十年社会变动过程中，外面总有传说我有段时间很委屈，很沮丧；我现在站在这里说笑，那些曾经为我担心的好朋友，可以不用再担心！我活得很健康，这可不能够做假的！我总相信人类最后总要爱好和平的，要从和平中求发展，得进步的，中国也无例外是这么向前的。”

2月7日，是沈从文访问的最后一天。美国旧金山东风书店特意安排沈从文与读者见面。因为当时正值书店举办“白先勇作品周”的活动，在得知沈从文已到了旧金山后，在美国南部任教的白先勇忙将教学丢给助教，专程北上赶去与沈从文见面。于是沈从文与白先勇联袂在东风书店会见读者。

2月8日，沈从文结束了在美国的访问，携张兆和从旧金山起飞，返回国内。

1985年12月19日，为庆贺沈从文从事文学创作和文物研究六十周年，《光明日报》以头版头条显著位置，发表了题为《坚实地站在中华大地上——访著名老作家沈从文》的长篇专访。由编辑部所加的《编者按》说：“年高德劭的沈从文先生，是中国现代文学史上的一位重要作家。50年代初期，由于历史的误解，他中断了文学创作，改为从事中国古代文物研究。在这个领域中，他又取得了令世人瞩目的成就。

然而，他是这般谦虚，这般豁达，这般的不计较个人委屈……坚定地站在祖国的大地上。这一切，正体现了中国知识分子的崇高风范。”

1988年5月10日，沈从文因心脏病猝发，在家中病逝，安安静静地走完了他的生命历程。临终遗言：“我对这个世界没有什么好说的。”

从1923年秋天，那个土得掉渣的乡下人走下火车站到北京火车站的广场上，到靠着自己对文学的坚定的意志度过那饥寒交迫的两年创作初期；从好不容易在北京找到一个落脚的地方到不得不跟随着时代的潮流南下到上海谋出路；从《红黑》和《人间》的出生到三个挚友的思想发生冲突，最后一个死别，一个生离；从中国公学里见到“黑凤”的第一眼到走过许多桥后唯一在最好的年华里遇到的那个人；从文坛上一颗闪烁的明星到四十多年的颠沛流离和被边缘化，最后又恢复往日的华辉……沈从文在历史的浮沉中走过了八十六载，成就了中国文学史上不可缺失的一页。